सदियों के पर

सदियों के पर

पी.पी. श्रीवास्तव 'रिंद'

सम्पादन

प्रो. अख़्तरुल वासे

मोईन शादाब

वाणी प्रकाशन

प्रकाशन के उत्कृष्टतम 60 वर्ष

vaniprakashan.com

सजिल्द प्रथम संस्करण : 2023
सजिल्द दूसरा संस्करण : 2024

वाणी प्रकाशन

4695, 21-ए, दरियागंज, नयी दिल्ली-110 002

फ़ोन : 91 11 23273167, 23275710

शाखाएँ

अशोक राजपथ, पटना-800 004, बिहार
कॉफ़ी हाउस कैम्पस, महात्मा गांधी मार्ग, प्रयागराज-211 001, उत्तर प्रदेश
महात्मा गांधी अन्तरराष्ट्रीय हिन्दी विश्वविद्यालय, वर्धा-442 001, महाराष्ट्र
36/ए, शेक्सपियर सरणी, रानी बिरला गर्ल्स कॉलेज के पास, कोलकाता-700 017, प. बंगाल
sales@vaniprakashan.in
vaniprakashan@gmail.com

Sadiyon ke Par
by P.P. Srivastava 'Rind'

Edited by Prof. Akhtrul Wasey Moien Shadab

ISBN : 978-93-5775-298-5
Ghazals

मूल्य : ₹395

आर. टेक ऑफ़सेट प्रिंटर्स, दिल्ली-110 032 में मुद्रित

वाणी प्रकाशन का लोगो मक़बूल फ़िदा हुसेन की कूची से

सूची

ग़ज़लें

मेरी शिनाख़्त

मैं क़ौम का कायस्थ हूँ और हमेशा से हम कायस्थ लोगों की मादरी ज़बान उर्दू रही है, मगर अफ़सोस अब उर्दू का चलन नहीं रहा। हालाँकि, मेरे घर में अब भी उर्दू के अल्फाज़ बोले, समझे और सराहे जाते हैं लेकिन अब कायस्थ घरानों से क्या, ग़ैर-मुस्लिम और मुस्लिम तबक़े की नई पीढ़ियों से भी उर्दू रस्म-उल-ख़त (रेख़्ता) का चलन उठता जा रहा है। साथ ही यह बड़ी दिलचस्प बात भी देखने को मिल रही है कि भले ही नई पीढ़ी में उर्दू पढ़ने वाले कम से कमतर होते जा रहे हैं, लेकिन उर्दू से मुहब्बत करने वाले बढ़ रहे हैं। उम्र की नब्बे की दहाई में दाख़िल होने और अपने ही घर में चौथी पीढ़ी को देखने के बाद मेरे दिल में एक दिन ख़्याल आया कि जिस उर्दू से मैंने उम्र भर बेपनाह मुहब्बत कर शायरी की पूँजी जमा की है, उसका एक हिस्सा देवनागरी लिपि में छपवाकर आने वाली नस्लों को सौंप दूँ; ताकि आने वाले समय में वे इस मिलीजुली गंगा-जमुनी सभ्यता के बारे में जान सकें।

मेरा पूरा नाम प्रबल प्रताप श्रीवास्तव है। उत्तर प्रदेश के ज़िला फ़र्रुख़ाबाद के शहर फतेहगढ़ से मेरा सम्बन्ध रहा है, लेकिन वक़्त के थपेड़ों, ज़माने की ठोकरों और घर की ज़रूरियात को पूरा करके मैं आजकल नोएडा शहर में ज़िन्दगी गुज़र-बसर कर रहा हूँ। देश आज़ाद होने के बाद जब ज़मींदारी सिस्टम ख़त्म हुआ तो ज़मींदारी ख़त्म होने के कुछ दस्तावेज़ मेरे हिस्से में भी आए। जन्म पत्री के मुताबिक़ मेरी पैदाइश की तारीख़ 12 अक्तूबर सन् 1931 है। लेकिन मेरी पैदाइश के समय मेरे पिता बाबू हिम्मत बहादुर पुलिस महकमे में इटावा (उ.प्र) में शहर कोतवाल थे। सन् 1935 में उनका तबादला ज़िला बदायूँ के क़स्बा उझियानी में हो गया। सन् 1935-36 में जब मेरी उम्र लगभग 5 बरस रही होगी, मेरा दाख़िला स्कूल में कराया गया। उससे पहले एक मौलवी साहब मुझे घर पर पढ़ाने आते थे। ख़ुद स्कूल जाकर अपने बच्चे का दाख़िला कराना शहर कोतवाल की शान के ख़िलाफ़ था।

लिहाज़ा थाने के मुंशी हेड कांस्टेबिल मुंशी ज़काउल्लाह दो सिपाहियों के साथ मुझे स्कूल ले गए। हेडमास्टर ने रजिस्टर में दर्ज करने के लिए जब मेरी जन्मतिथि पूछी तो जकाउल्लाह साहब ने, जो एक खुर्राट दीवान थे, थोड़ी देर सोचा और फिर जवाब दिया कि तारीख़ तो महीने के बीच की 15 लिख दीजिए, महीना साल के दरमियान का यानी जून और सन् दो हिंसों (संख्या) का लिख दीजिए, मतलब 1933 ई.। इस तरह मेरी तारीख़-ए-पैदाइश 15 जून 1933 दर्ज करवा दी गयी, जो आज तक मेरे रिकॉर्ड में है। मैट्रिक तक आते-आते मुझे उर्दू से इश्क़ हो गया, ऐसा इश्क़ जो एक बेटे को अपनी माँ के साथ होता है। 4 फ़रवरी 1952 को मेरी शादी कानुपर के मुंशी छैल बिहारी लाल की बेटी विद्या श्रीवास्तव से हुई, जिनका साथ मुझे अब तक हासिल है। 17 दिसम्बर 1952 को मुझे रेलवे के महकमे में नौकरी मिल गयी और मेरी नियुक्ति अजमेर शरीफ़ राजस्थान में हुई। वहीं रेलवे इंस्टिट्यूट के मुशायरे में मेरी मुलाक़ात उस्ताद शायर फ़ख़्रे राजस्थान हज़रत साग़र अजमेरी से हुई। शेर कहने का चस्का तो पहले ही लग चुका था। बाक़ायदा फ़न की बारीकियाँ सीखने के लिए सागर साहब का शागिर्द हो गया। रेलवे में नौकरी के दौरान अजमेर शरीफ के अलावा, अपने आबाई शहर (गृह जनपद) फतेहगढ़ और बरेली में मुझे अदबी तंज़ीमों में बहुत कुछ सिखाने वाले आलिमों (विद्वानों) की सोहबत (सान्निध्य) हासिल हुई, जिसने मेरे अन्दर के शायर को अदबी दुनिया में शिनाख़्त दिलवाने में बहुत मदद की।

मेरी शायरी का बाक़ायदा आगाज़ (1954-55) में हो गया था लिहाज़ा मैंने शायरी के कई दौर देखे हैं। शायरी की शुरुआत के वक़्त ग़ज़ल गुल-ओं-बुलबुल, क़फ़स-ओ-आशियाना, शराब-ओ-शबाब, देर-ओ-हरम और कूचा-ए-यार के घेरे में थी। उन दिनों मामला-बन्दी, रदीफ़ और काफिया पैमाई और लफ़्ज़ों के दाँव-पेंच अपने चरम पर थे। फिर उर्दू शायरी ने करवट बदली। प्रगतिशील, आधुनिकता, अन्तर-आधुनिकता और फिर नई ग़ज़ल का दौर आया। मैं आपबीती, जगबीती, आन्तरिक या बाहरी विषयों में अन्तर महसूस नहीं करता हूँ। जो विषय या शब्द मेरे दिल-ओ-दिमाग़ को अच्छे लगते हैं, उन्हें शायरी में ढाल देता हूँ। मैंने क्लासिकी (पारम्परिक) काव्य-चेतना के माहैल में आँखें खोलीं मगर ताज़ा और नई शैली को ही अपनाया और आधुनिकता के शोले को इस तरह से लपककर नहीं पकड़ा कि वो मेरी हथेलियाँ ही जला दे।

इस तरह ग़ज़ल मेरे लिए ज़हनी सकून तलाश करने का एक ज़रिया बनी, जो कि नौसिखिए और पारंगत दोनों पर मेहरबान है। लेकिन मेरी ग़ज़ल वही है, जो मेरी

सोच है। ग़ज़ल मेरे लिए मेरी ज़िन्दगी है। मुझे ग़ज़ल से इश्क़ है, ग़ज़ल मेरा लहज़ा है, मेरी बुनियाद है। आवुर्द (सोच कर लाए गए विचार को), आमद (वो विचार जो मस्तिष्क में बिना सोचे आए) और शऊर (चेतन) को लाशऊर (अवचेतन) बनाने की मेहनत और महारत से मुझे इख़्तिलाफ (मतभेद) नहीं, मगर मुझे मुर्गी के अंडे से शुतुरमुर्ग़ पैदा करने का हुनर नहीं आता। इतना ज़रूर है कि मेरा काव्य चिन्तन नए-नए तलाज़िमात (शायरी को अलंकृत करने की एक ख़ूबी, यानी ऐसी सुन्दर अभिव्यक्ति कि कोई भी आवश्यक शब्द निरर्थक या अर्थहीन प्रतीत न हो) और इस्तिआरे (रूपक) ढूँढ़ती है, लफ़्ज़ से लफ़्ज़ का रिश्ता तलाश करती है। इस प्रकिया में कभी-कभी शब्द से छेड़छाड़ भी हो जाती है, जिसका ज़िक्र मेरी शायरी पर लिखते हुए कुछ आलोचकों ने भी किया है।

मेरे उस्ताद हज़रत साग़र अजमेरी का इन्तिकाल 1965 में हुआ। उसके बाद से मैं 'बे-उस्तादा' हूँ। एक बुरी आदत जो मेरे उस्ताद से मुझमें आयी, वो यह है कि मैं कहता बहुत हूँ। ये जूद-गोई (आशुकविता करना, अर्थात तेज़ी से शेर कहना) मेरी शायरी को नुक़्सान भी पहुँचाती है। मैं समझता हूँ कि ग़ज़ल में कमाल हासिल करने और अपनी पहचान बनाने के लिए एक ख़ास सलाहियत लाज़िमी है। जहाँ तक मेरा मामला है, मैं अपनी फ़िक्र (चिन्तन) को धार देने या उसे इच्छित आकृति देने के लिए मुनासिब लफ़्ज़ों का चयन करता हूँ। जो जंगली हिरणों की तरह जल्दी से हाथ नहीं आते। मेरी ज़िन्दगी टूटी-फूटी, कटी-फटी, डरी-सहमी, बिखरी-बिखरी और किसी हद तक महरूमियों का शिकार रही है, लेकिन छोटी-छोटी ख़ुशियों, नर्म, प्रफुल्लित और लचीले पलों ने भी मेरा साथ दिया है।

सन् 2009 में, उम्र की 78 बहारें देखने और एक दर्जन ग़ज़ल संग्रह छपने के बाद जब मेरी चयनित शायरी का संकलन 'तिनका-तिनका फ़िक्र' प्रकाशित हुआ, तो ये ख़्याल गुज़रा कि अब शेर कहने की रफ़्तार थम जाएगी, लेकिन ऐसा नहीं हुआ। तबीअत में बेचैनी, व्याकुलता काव्य रचना यात्रा में उथल-पुथल पैदा करती रही। नतीजतन ग़ज़ल कहने का सिलसिला आज भी जारी है। 'तिनका-तिनका फ़िक्र' के प्रकाशन के बाद भी मेरे पाँच उर्दू ग़ज़ल संकलन और आ चुके हैं और इनकी तादाद 17 हो गयी है। अब यह पहला हिन्दी में संकलन कुछ नई ग़ज़लों के साथ आपके हाथों में है।

मैंने शेर को समझने की नई सम्भावनाओं को तलाश करने की कोशिश की है और प्रचलित शब्दों के इस्तेमाल से बचता रहा, जैसे साक़ी, बादा, जलवा, नक़ाब, साग़र वग़ैरह-वग़ैरह। अपनी शायरी के ज़रिये परम्पराएँ और औपचारिकताएँ तोड़ने

का कोई शोर न करके, ख़ामोशी से तोड़-फोड़ करता रहा। कुल मिलाकर यही कोशिश करता हूँ कि अपनी शायरी में नई शब्दावली, नई उपमाओं, नए रूपकों और नए अलंकारों का इस्तेमाल करूँ।

जीवन में बहुत संवेदनशील रहने के कारण मेरी शायरी में अतीत का मरसिया (शोक-गीत) और नए मूल्यों और आधुनिक समाज की कड़ुवाहटें भी हैं। अक्सर लोग कहते हैं कि मेरी शायरी एक शोक सन्तप्त और आहत हृदय की शायरी है जिसमें कसक, तेज़ाबियत और घुटन है, मगर इसमें ज़िन्दगी की तपन और वेदना भी है। मेरी उदासी दरअसल आज के मध्यम वर्ग की उदासी है। पिछले छह-सात दशकों में मैंने परम्पराओं की तंग गलियों की सैर भी की है और खुली हवाओं में साँस भी ली है। इस योग ने मुझे अपना रंग कुछ अलग अपनाने की प्रेरणा दी है।

मैंने पिछले 30-35 बरस में ग़ज़ल के स्वभाव में एक सुखद तब्दीली भी देखी है, लेकिन ग़ज़ल के बुनियादी ढाँचे को बदलना मुमकिन नहीं है। इसलिए मैंने नई शब्दावली, नए बिम्बों और नई शैली का दामन तो थामा, लेकिन मेरी कोशिश रहती है कि मेरा लहजा खुरदरा, अजनबी या बेतुका न हो जाए। जीवन के असली सरोकार, घटनाएँ मन:स्थिति, रोज़मर्रा के कटु व मधुर या सुखद व अप्रिय अनुभव, आसपास की दस्तकें और आहटें, आदि सब मेरे क़लम का साथ अभी तक दे रहे हैं।

इस संकलन को तैयार करने में मेरे कई अज़ीज़ों ने जी तोड़ मेहनत की है और इस काम को अंजाम तक पहुँचाया है। ख़ासतौर पर मेरे भतीजे और ग़ज़ल की दुनिया में आज अपनी ख़ास पहचान बना चुके आलोक यादव ने इसे देवनागरी लिपि में लाने की ज़िद न की होती तो यह संकलन मंज़र-ए-आम पर न आ पाता। उनकी इस लगन व समर्पण भाव के लिए मैं उन्हें दिल से दुआएँ देता हूँ।

—पी.पी. श्रीवास्तव 'रिंद'

हिन्दी रूपान्तरकार : **मोईन शादाब**

आर-16, सेक्टर-11,
नोएडा– 201301 (उ.प्र.)
23 जून 2023
मो: 9711422058

रिंद साहब का क़लमी सफ़र

जनाब पी.पी. श्रीवास्तव 'रिंद' ने उर्दू की भरपूर ख़िदमत करके अदब में अपनी ख़ासी पहचान बनायी है। सन् 1966 में पहले ग़ज़ल संग्रह 'रेगज़ार' से शुरू हुआ उनका अदबी सफ़र सन् 2022 में 'उतरती धूप की परछाइयाँ' तक पहुँच गया है। लगभग सात दहाई के दौरान उनके अदब और साहित्य से इश्क़ की इन्तिहा का ही नतीजा है कि दुनिया की शायद ही कोई ऐसी उर्दू पत्रिका हो जिसमें उनकी शायरी को जगह न मिली हो। इसी वजह से उर्दू दुनिया में पी.पी श्रीवास्तव 'रिंद' का नाम बड़े सम्मान के साथ लिया जाता है।

उनका लहज़ा और शैली ही उर्दू शायरी में, उनकी अलग पहचान बनाती है। उनका स्वर उनकी शब्दावली और तन्हाई में सरगोशी की कैफ़ियत (स्थिति) से जुड़ा है। जनाबे 'रिंद' की शायरी में ताज़गी, शगुफ़्तगी और दिलकशी पाठक को प्रभावित करती है। उन्हें अपनी बात कहने का सलीक़ा और ढब मालूम है। उनकी ग़ज़लों में लफ़्ज़ियात और तलाज़िमे (काव्य शास्त्र की आवश्यक चीज़ें) प्रभावी हैं। उन्हें शब्दों को बाँधने का हुनर मालूम है। उनके कलाम में जज़्बात की आकाश गंगा, एहसासात की चमक, जगमगाहट और भाषा विज्ञान से सम्बद्धित भावनाओं का सृजन ख़ास तौर से देखने को मिलते हैं। 'रिंद' साहब की ग़ज़लों में उनकी शख़्सियत, आकर्षण, माधुर्य व सुरीलापन सजधज के साथ प्रकट होता है। उन्होंने ख़ूब लिखा है लेकिन कभी ख़ुद को दोहराया नहीं है। उनकी दूसरी ख़ास बात ये कि उनकी पहचान शायरी की प्रचुर मात्रा से नहीं बल्कि उसकी विभिन्न विशेषताओं से स्थापित हुई है।

यह सब बातें मैं बड़ी ज़िम्मेदारी से इसलिए कह सकता हूँ क्योंकि कुछ समय पहले ही मुझे 'रिंद' साहब के उपलब्ध 17 संकलनों में से चुनिंदा ग़ज़लों का उर्दू संकलन 'उतरती धूप की परछाइयाँ' के नाम से सम्पादित करने का सौभाग्य प्राप्त हुआ था।

इधर कुछ दिनों से देखा जा रहा है कि उर्दू अपनी लोकप्रियता के कारण हिन्दी के बहुत क़रीब आ रही है और उर्दू-हिन्दी ग़ज़लों में कोई ख़ास अन्तर नहीं रह गया है। लिहाज़ा इस बात की ज़रूरत महसूस की जा रही थी कि इस बाकमाल और हुनरमन्द फ़नकार की शायरी को हिन्दी पाठकों तक भी पहुँचाया जाए। इसी कड़ी में ये एक अच्छा शगुन है कि पी. पी. श्रीवास्तव 'रिंद' साहब की शायरी से चयन करके हिन्दी लिपि में 'सदियों के पर' नाम से प्रकाशित किया जा रहा है।

मुझे उम्मीद है कि हिन्दी के पाठक 'रिंद' साहब की काव्य शैली, लहज़े और शाब्दिक प्रयोगों से फ़ायदा उठाएंगे। इस मौक़े पर मैं उर्दू दुनिया की ओर से उन्हें दिली मुबारकबाद पेश करता हूँ।

—[पद्मश्री] प्रो. अख़्तरुल वासे
पूर्व अध्यक्ष मौलाना आज़ाद विश्वविद्यालय,
जोधपुर, राजस्थान
wasey27@gmail.com

रिंद ने शायरी की मय पी है

ग़ज़ल विश्व की सर्वाधिक लोकप्रिय काव्य-विधाओं में से एक है। मूलतः फ़ारसी की काव्य-विधा होते हुए यह उर्दू पर छा गयी। उर्दू ग़ज़ल तरन्नुम में ढल गयी और हिन्दी के दोहों के समान भारत में लोगों की ज़ुबान पर चढ़ गयी। कबीर, रहीम के दोहों की तरह जन-जन के मानस में उतर गयी। मीर, ग़ालिब, ज़ौक़ आदि के अशआर लोगों की बातचीत का हिस्सा बन गए। ग़ज़ल का अर्थ ही है प्रेमिका से बातचीत। यही कारण है कि अधिकतर शेर इश्क़ के नशे में चूर हैं।

ग़ज़ल जब हिन्दी में आयी तो आलोचकों ने इसका घोर विरोध किया, इसे उर्दू की जूठन बताते हुए इसका तिरस्कार किया। परन्तु पाठकों-श्रोताओं के अपार प्यार ने उनके तिरस्कार को धराशायी कर दिया और आज हिन्दी ग़ज़ल कविता का कण्ठहार बन गयी है। उर्दू के शेरों की तरह हिन्दी के अनेक शेर भी बोल-चाल, पत्र-व्यवहार का हिस्सा बन गए हैं। ग़ज़ल के विषय इश्क़ की हद को लाँघकर आज के दुख-दर्द का बयान बन गए हैं।

प्रस्तुत कविता-संग्रह 'सदियों के पर' प्रतिभावान शायर श्री प्रबल प्रताप श्रीवास्तव 'रिंद' की चुनी हुई ग़ज़लों का एक अनूठा संकलन है जिस का भरपूर स्वागत किया जाएगा। 'रिंद' का अर्थ ही होता है-मस्त, अलमस्त, बदमस्त। 'रिंद' साहब का मिज़ाज इतना शोख़ और चुलबुला है कि पढ़ने वाला नौजवानी के ख़ुमार में खो जाता है। वह ख़ुद अपने को आगाह करते हैं–

जनाबे-'रिंद' आईना तो देखो
बुढ़ापे में भी बचपन बोलता है।

'रिंद' जज़्बात की रौ में ऐसे बह गए हैं कि बहुत से दुख-दर्द पीछे छूट गए हैं, राह में ही रह गए हैं–

'रिंद' ने शायरी की मय पी है
ख़ूब छायी हुई ये मस्ती है

आज के इस क़ातिलाना दौर में जब एक-एक लम्हा तनाव में गुज़रता है, आदमी माहौल से ही नहीं, ख़ुद से भी जूझता है, ज़िन्दगी की हौलनाक हक़ीक़तों ने दर्दो-ग़म की इन्तहा कर दी है, दोस्त तक को दुश्मन बना दिया है। अलमस्त शायरी करना अपने आप में अमूल्य उपलब्धि है। ''रिंद'' की शायरी पढ़ते हुए जिस सकून का अहसास होता है, वह दुर्लभ है। ग़ज़ल जो कभी इश्क़िया बयान हुआ करती थी, आज तल्ख़ियों का लेखा-जोखा बन गयी है। ऐसे दौर में ग़ज़ल में कुछ और पेश करना शायर का इम्तिहान बन गया है। 'रिंद' की शायरी में जो सरसता का अहसास होता है उसका एक प्रमुख कारण है उनका प्रकृति-प्रेम, उनका सौन्दर्य-बोध।

ग़ज़ल का मूल विषय कभी प्रेम हुआ करता था आज वह क्षोभ में बदल गया है। ऐसे दौर में अपने प्रकृति-प्रेम को बनाए रखना एक आकर्षक सोच है। प्राकृतिक बिम्बों के माध्यम से अपनी बात कहना कविता को मनोरम बना देता है। यह रंग आज की शायरी में भी कहीं-कहीं नमूदार होता है तो दिल खींच लेता है।

अपना दर्द अहमद नदीम क़ासमी ने प्रकृति के माध्यम से इस तरह बयान किया है–

वो कोई और न था, चन्द ख़ुश्क पत्ते थे
शजर से टूट के जो फ़स्ले-गुल पे रोए थे

क़तील शिफ़ाई के एक शेर में प्रकृति का दिल-फ़रेब रंग किस ख़ूबसूरती से उभरा है–

धूप है, रंग है या सदा है
रात की बन्द मुट्ठी में क्या है

कुदरत के जो हसीन नज़ारे 'रिंद' की शायरी में मुझे मिले वे तो लाजवाब है, बेमिसाल हैं। प्रकृति सम्बन्धी उनका एक-एक शेर दिल-दिमाग़ पर नक़्श जाता है। धूप का जैसा चित्र उन्होंने खींचा है वह बेमिसाल है–

छोटे बच्चों की तरह घण्टों से
खेलती फिर रही है लान में धूप
रोशनी पंख फड़फड़ाती हुई
फ़ाख़्ता है कि है उड़ान में धूप

धूप के अतिरिक्त भी रिंद ने प्रकृति के अनेक बिम्बों का ख़ूबसूरती से इस्तेमाल किया है। यों तो आज के शहर में बहुत कुछ खो जाता है, लेकिन देखिए, कवि 'रिंद' ने क्या खोया है–

भीनी-भीनी गली-गली है हवा
शह्र में तेरे खो गई है हवा

रिंद ने बाह्य परिवेश के साथ ही पारिवारिक, घरेलू वातावरण का भी आत्मीय चित्रण किया है–

उदासी में घर आँगन बोलता है।
कि जैसे ख़ाली बरतन बोलता है।

आँगन तो बोलता ही है, छत देखकर भी रिंद की किशोरावस्था की यादें ताज़ा हो जाती हैं–

पुराना ख़्वाब देखो छत पे हम तुम
गले में बाँह डाले पढ़ रहे हैं

जवानी की यादों का तज़करा तो अनेक शायरों के यहाँ में मिल जाएगा, मगर लड़कपन की यादें ताज़ा करने वाले परिदृश्यों का चित्रण ग़ज़लों में बहुत अधिक मिलना मुश्किल है। पारिवारिक वातावरण का एक और नज़ारा जो ढलती उमर में देखने को मिलता है, रिंद ने इसे ख़ूबसूरत अन्दाज़ में पेश किया है–

मेरा बेटा अपने बच्चे को लिये था गोद में
फूलता-फलता ये रिश्तों का शजर अच्छा लगा

रिश्ते को वृक्ष के रूप में पेश करना और उसके साथ फूलने-फलने का सन्दर्भ जोड़ देना रिंद की ही उपलब्धि है।

पारिवारिकता सदा सुखद ही नहीं होती। आधुनिक सत्यता ने, शहरीकरण ने उसमें अनेकानेक पेंच डाल दिए हैं। पारिवारिक सुख-शान्ति अक्सर भंग हो जाती है। रिंद कहते हैं–

ख़ानदानी चश्मकें, आपस में झगड़े देखकर
अपनी बस्ती, अपना क़स्बा छोड़कर आए हैं हम

आज का आदमी परिवार से कहीं अधिक कारोबार या व्यापार को महत्त्व देता है। व्यापारीकरण की हालत यह है कि–

पत्थरों के चन्द सौदागर तिजारत कर रहे हैं
इनको भी शीशागरों के पास की दूकान दे दे

वे ख़ुशनसीब हैं जिनके पारिवारिक सम्बन्ध लगातार आत्मीय बने रहते हैं–

अभी बिगड़े नहीं हालात घर में
अभी चलती है मेरी बात घर में

तसल्ली के लिए यह काफ़ी है जिनसे हम पूरी तरह जुड़े रहे, वे अब भी हम से उखड़े नहीं–

याद मेरी उन्हें भी आती है
जो मुझे सुब्हो-शाम याद आए

आज के स्वार्थपरक वातावरण में पारिवारिकता खण्डित होती जा रही है–

बुज़ुर्गों के क़दम जो चूमता आया था सदियों से
हम अपने घर की चौखट का वो हिस्सा बेच आए हैं

आत्मीयता के सम्बन्ध तहस-नहस हो जाने पर आदमी चकनाचूर हो जाता है–

मुझको आवारा कहें ग़ैर तो अफ़सोस नहीं
क्या बताऊँ मुझे अपनों ने कहा है क्या-क्या

रिंद जब दुश्मनों का ज़िक्र आया
दोस्तों के भी नाम याद आए

हालात कितने ही दिलशिकन हो जाएं, फिर भी आदमी अतीत से बिल्कुल विमुख तो हो नहीं पाता। पुरानी यादें दिल के ज़ख़्म अक्सर कुरेदती रहती हैं–

वो ख़त जो जल के भी कुछ अधजले थे
उन्हें हाथों के छाले पढ़ रहे थे
फ़साने नामुकम्मल ज़िन्दगी के
मिरे हाथों के छाले पढ़ रहे थे

'सदियों के पर' में कई अशआर इतने पुर असर आ गए हैं कि उन्हें उद्धृत किए बिना भूमिका पूरी नहीं हो सकती। पेश हैं रिंद के कुछ लाजवाब अशआर—

उड़ गई हैं पर लगा कर मुज़्तरब-सी ख़ुशबुएँ
तितलियों का जब से फूलों पर भरोसा कम हुआ

टाँकते हम कहाँ तलक ख़ुशबू
वक़्त के काग़ज़ी गुलाबों में

ज़मीर बेचते अपना अमीर हो जाते
मगर ख़ुद अपनी नज़र में हक़ीर हो जाते

कशमकशों और चुनौतियों के बीच से गुज़रने के एवज़ में 'रिंद' ने शायरी की जो चमक-दमक इनाम के रूप में पाई है, वह उनका नाम पूरी तरह रोशन करेगी, यह हमें भरपूर विश्वास है। मुझे यक़ीन है कि उनकी ग़ज़लें पाठकों के दिल-दिमाग़ पर छा जाएंगी।

—बालस्वरूप राही
डी-13 ए /18, मॉडल टाउन,
दिल्ली-110009
फ़ोन : 011-27213716

अनुभव की बहुरूपता

ग़ज़ल की सबसे बड़ी ख़ूबसूरती यही है कि वह सैकड़ों साल से शायरों को नई चुनौतियाँ देती रही है। अच्छा शायर ग़ज़ल के चैलेंज को स्वीकार करता है। अपने आपको और अपने ज़माने को एक अलग तरीक़े से ग़ज़ल का विषय बनाता है। ग़ज़ल के फ़ॉर्म में लगातार विषय को विस्तार देने का एक बहुत बड़ा गुण है लेकिन यह काम वही शायर कर पाते हैं जो ख़ून-ए-दिल से ग़ज़ल को सींचने की हिम्मत रखते हैं।

जनाब पी.पी. श्रीवास्तव 'रिंद' साहब मँझे हुए शायर हैं। बक़ौल मीर अनीस 'उम्र गुज़री है इसी दश्त की सय्याही में '। उन्होंने हालात और जज़्बात का हर रंग और रूप देखा और परखा है और उसके बाद अपना एक रास्ता बनाया है। बहुत ख़ुशी की बात है कि उन्होंने जिस रास्ते की तशकील की है वह उनके मिज़ाज, उनके जज़्बात और ख़्यालात की अक्कासी करता है। वह एक अलग रास्ता है। यह रास्ता शायर अपनी मेहनत से ही बनाता है। 'रिंद' वैसे भी किसी बने बनाए रास्ते पर चलने की ग़लती नहीं करते।

'रिंद' साहब के शेर भाव जगत की जटिलताओं और अनुभव की बहुरूपता का एक संगम पेश करते हैं। बीच-बीच में कहीं उनका समय भी अपना सिर उठाकर खड़ा हो जाता है और कहीं सामाजिक विद्रूपता भी कुछ सोचने पर मजबूर कर देती है। उनकी शायरी को न तो केवल अन्तर्मन की शायरी कहा जा सकता है और न केवल ज़ालिम ज़माने के अनुभवों पर आधारित शायरी कहा जा सकता है। दरअसल उसकी विविधता उसकी विशेषता है। उनकी शायरी उर्दू ग़ज़ल की एक बुनियादी माँग सांकेतिकता और बिम्बात्मकता पर पूरा ध्यान देती है। उनका शेर देखिए—

परिन्दे उड़ गए हैं लिख के शाखों पर सफ़रनामे
ये सूखे पेड़ से बिछड़े हुए पत्ते बताते हैं

उर्दू के प्रसिद्ध आलोचक प्रो. क़मर रईस ने उनकी शायरी के बारे में बहुत सही लिखा है कि उनके यहाँ पैकर-तराशी और फ़िक्र की जुस्तुजू का एक मुनासिब आहंग है। मुझे यक़ीन है कि हिन्दी के ग़ज़ल प्रेमी 'रिंद' साहब के कलाम का पूरा एहतिराम करेंगे।

मेरी शुभकामनाएँ।

–प्रो. असग़र वजाहत

प्रसिद्ध नाट्य लेखक, उपन्यासकार,
भूतपूर्व अध्यक्ष, हिन्दी विभाग,
जामिया मिल्लिया इस्लामिया, नई दिल्ली
awajahat45@gmail.com

सन्दर्भ : पी. पी. श्रीवास्तव 'रिंद'

उर्दू के प्रसिद्ध शायर पी. पी. श्रीवास्तव 'रिंद' से मिलना और उनको सुनना मेरे लिए किसी तीर्थ यात्रा से कम नहीं है। मेरा सौभाग्य है कि पिछले 30-35 वर्षों से मुझे उनसे मिलने तथा उनकी शायरी को सुनने का सुअवसर प्राप्त होता रहा है। उनकी बेहतरीन शायरी चूँकि उर्दू में है अत: हिन्दी साहित्य प्रेमी और हिन्दी साहित्यकार उनकी शायरी से लाभान्वित नहीं हो पाए। मुझे अनेक अवसरों पर उनकी शायरी सुनने का गौरव प्राप्त हुआ है। कभी उनके घर पर तथा गाहे-बगाहे मुशायरों में भी। मुशायरों में मैंने अक्सर उन्हें अपनी शायरी पर श्रोताओं की भरपूर तालियों के बीच मुशायरों को लूटते देखा है। मेरी उत्कट इच्छा थी कि आदरणीय 'रिंद' की शायरी का हिन्दी लिप्यन्तरण हो। गाहे-बगाहे मैंने उनको अपनी यह इच्छा ज़ाहिर भी की। उनकी शायरी सहज रूप से न केवल प्रभावित करती है; अपितु श्रोताओं के सीधे दिल में उतर जाती है। 'रिंद' साहब की शायरी की सहजता और उनके पढ़ने का अन्दाज़ अद्भुत है।

उदासी में घर आँगन बोलता है
कि जैसे ख़ाली बरतन बोलता है
जनाबे 'रिंद' आईना तो देखें
बुढ़ापे में भी बचपन बोलता है

वास्तव में मैंने आदरणीय 'रिंद' को कभी बूढ़ा होते देखा ही नहीं ! आज भी जनाबे 'रिंद' बच्चों जैसे निश्छल हैं। उनका निश्छल व्यक्तित्व और कृतित्व दोनों सहज रूप से आकर्षित करते हैं। पी.पी. श्रीवास्तव 'रिंद' की शायरी में बिम्बात्मकता और व्यंजना देखते ही बनती है। सम्बन्धित शब्दों का प्रयोग किए बिना ही अपनी बात कह देना मामूली हुनर नहीं है। एक परिपक्व शायर ही इस अन्दाज़ से अपनी बात कह सकता है–

फ़साने ना-मुकम्मल ज़िन्दगी के
मेरे कमरे के जाले पढ़ रहे थे
सहन भी मैला है दीवारें भी घर की मैली
चाँद उतरा भी तो वो आके कहाँ ठहरेगा

'रिंद' साहब ने ज़िन्दगी का एक लम्बा रास्ता तय किया है। इस दौरान उन्होंने न जाने कितने दुश्मनों को दोस्ती के लिबास में देखा है। इसी तथ्य को स्वयं में किए हुए तजुर्बे पर उनका यह मक़्ता देखें—

'रिंद' जब दुश्मनों का ज़िक्र आया
दोस्तों के भी नाम याद आए

आप ज़रा सोचें कि उस व्यक्ति की शायरी/आत्मकथा में कितनी तकलीफ़ें होंगी कि जिसका एक वरक़ पढ़कर ही पाठक दुखी हो गया—

वो जिसको पढ़कर उदास हो तुम
वरक़ वो मेरी किताब का था

पी. पी. श्रीवास्तव 'रिंद' की शायरी की प्रकाशित पुस्तकों की एक लम्बी फ़ेहरिस्त है। समय-समय पर आपको विभिन्न संस्थाओं द्वारा पुरस्कारों से सम्मानित भी किया गया है। मुझे विश्वास है कि उर्दू के इस बेहद प्रसिद्ध क़द्दावर शायर पी. पी. श्रीवास्तव 'रिंद' की शायरी का हिन्दी लिप्यन्तरण होने से उनकी शायरी करोड़ों साहित्य अनुरागियों और पाठकों तक पहुँचेगी तथा उनके चाहने वालों और प्रशंसकों की संख्या में बेहद इज़ाफ़ा होगा। मेरी शुभकामनाएँ तो आदरणीय पी. पी. श्रीवास्तव 'रिंद' के साथ सदैव हैं ही ...

शुभास्ते सन्तु पन्थान:!

—विज्ञान व्रत
एन-138, सेक्टर-25,
नोएडा—201301
मोबाइल—9810224571
vigyanvrat@gmail.com

अनोखा लहजा अनूठी शैली

उर्दू के वरिष्ठतम शायरों में से एक जनाब पी. पी. श्रीवास्तव 'रिंद' साहब उर्दू के लिए अपना सर्वत्र निछावर कर देने वाली पीढ़ी के आख़िरी चन्द लोगों में से एक हैं। उर्दू और उर्दू तहज़ीब उनका ओढ़ना-बिछोना है। वो उर्दू के मुहाफ़िज़ और जांनिसारों में शामिल हैं... अब तो उर्दू में कोई दूसरा पी. पी. श्रीवास्तव 'रिंद' भी पैदा होने से रहा।

पी. पी. श्रीवास्तव 'रिंद' ने उम्र भर क़लम से अपना रिश्ता जोड़े रखा। उन्होंने जितना लिखा है, कुछ लोग तो ज़िन्दगी भर उतना पढ़ भी नहीं पाते। उनकी शायरी की किताबों के साथ-साथ दो किताबें मज़ामीन (लेखों) की भी है। उनका पहला शेरी मजमूआ (संकलन) 'रेग-ज़ार' सन् 1966 में प्रकाशित हुआ था। उसके बाद.... 'रग-ए-संग' (1969), 'गुल-रंग' (1974), 'शहर-ए-एहसास' (1981), 'शजर-शजर छाँव' (1992), 'आसमां के बग़ैर' (2000), 'तनाबें धूप की' (2003), 'जागती तन्हाइयाँ' (2005), 'आवारा लम्हे' (2007), 'इमसाल' (2008), तिनका-तिनका फ़िक्र, (2009), जब्र-ए-अना (2010), 'बुझते लम्हों का धुआँ' (2012), 'किंदील अभी रौशन है' (2014), 'इरतिआश-ए-फ़िक्र' (2016), 'रेत दरिया और सराब' (2018) एक-एक कर 16 संग्रह प्रकाशित हुए हैं। इनके अलावा सन् 2022 में उनकी सभी किताबों से चयनित ग़ज़लों का एक संकलन 'उतरती धूप की परछाइयाँ' के नाम से छपा जिसे प्रो. अख़्तर उल वासे ने सम्पादित किया है। अब उनकी कुछ चुनी हुई ग़ज़लों का पहला संग्रह 'सदियों के पर' नाम से देवनागरी लिपि में प्रकाशित हो रहा है।

ग़ज़ल पी. पी. श्रीवास्तव 'रिंद' का ख़ास मैदान है, नज़्म या अन्य और विधाओं में उन्होंने बहुत कम लिखा है। नई शायरी में ग़ज़ल अपनी अनूठी काव्य शैली की वजह से पहचानी जाती है। जहाँ तक विषयगत पेशकश का सवाल है, ग़ज़ल में आन्तरिक और बाह्य परिस्थिति व्यक्तिगत शैली या लहजे के माध्यम से सामने आती है। 'रिंद' की ग़ज़ल की सबसे बड़ी ख़ासियत उनकी शैली,

शब्दावली और शब्द संयोजन है, जिसकी वजह से वो दूर से पहचाने जाते हैं। 'रिंद' के उस्ताद फ़ख्र-ए-राजस्थान हज़रत 'साग़र अजमेरी' ने उन्हें जो सबक़ दिया था उसे उन्होंने अब तक गिरह में बांध रखा है। साग़र अजमेरी मरहूम ने 'रिंद' साहब से कहा था कि अगर अपनी इन्फ़िरादियत (निरालापन) क़ायम रखनी है तो आपकी फ़िक्र (सोच), आपका लहज़ा (शैली), आपकी लफ़्ज़ियात (शब्दावली) कुछ अलग होनी चाहिए। अपने उस्ताद की सलाह को अपनाकर ही वो अपना अनोखा लहज़ा और अनूठी शैली विकसित करने में कामयाब रहे। बहुत सारे लोगों ने 'रिंद' साग़री के लब-ओ-लहज़े की दाद दी है... जो उनको ग़ौर से पढ़ लेता है, उनसे ये ज़रूर पूछता है कि वो यह लहज़ा कहाँ से लाए ?

उनके कलाम से प्रभावित होकर बहुत से साहित्यकारों, भाषाविदों व रचनाकारों ने उन पर अनेक आलेख भी लिखे। विश्व विख्यात उर्दू मैग्ज़ीन फ़ुनून (लाहौर) के सम्पादक अहमद नदीम क़ासमी, जो उर्दू के वरिष्ठ टीकाकार और शायर हैं, उन्होंने पी.पी. श्रीवास्तव 'रिंद' की ग़ज़लें पढ़ीं तो बहुत प्रभावित हुए। उन्होंने 'रिंद' साहब को ख़त लिखा—

"... आपके भेजे हुए शेर पढ़े तो अन्दाज़ा हुआ कि आप दिल को लगते हुए शेर कहते हैं। मुझे ख़ुद अफ़सोस हुआ कि मैं भारत के बहुत से उमदा शुअरा (शाइरों) से वाक़िफ़ (परिचित) हूँ मगर श्रीवास्तव 'रिंद' साहब से बेख़बर रहा। माज़रत ख़्वाह (क्षमा चाहता) हूँ, आपकी ग़ज़लों के बाज़ अशआर ख़ूबसूरत और मौस्सिर (प्रभावशील) है, चुनांचे आपका कलाम 'फ़ुनून' में ज़रूर शामिल करूँगा।

प्रख्यात आलोचक प्रो. गोपी चंद नारंग के शब्दों में—

"पी.पी. श्रीवास्तव 'रिंद' लताफ़त (कोमलता) और नफ़ासत (निर्मलता) के शायर हैं और मेरे लिए लायक़-ए-एतिना (ध्यान के पात्र) इस तौर पर भी हैं कि वो उस रिवायत (परम्परा) के परवरदा (पोषित) हैं जिसने बावजूद चैलेंज के अपनी शगुफ़्ता (प्रफुल्लित) शिनाख़्त (पहचान) को कुछ न कुछ बाक़ी ज़रूर रखा है, यानी जिसमें शायर आज भी तहज़ीब (सभ्यता / संस्कृति), शाइस्तगी (सुशीलता), और लताफ़त-ओ-नज़ाकत (कोमलता और निर्मलता) की किसी न किसी उपज से वाबस्ता (जुड़ा) है, ख़्वाह (चाहे) वो कितना भी मोहूम (भ्रम में डालने वाला) क्यों न हो। क़द्रों (मूल्यों) के इस ज़वाल (पतन) के ज़माने में धुआँ उड़ाते रास्तों, धुली-धुली बदलियों और अँधेरे ताक़चों (ताक़) की अपनी एक मानवियत (अर्थपूर्णता) है। और तो क्या लिखूँ यही कह सकता हूँ कि 'रिंद' को चाहिए कि कलियों के इस रिश्ते, चिड़ियों की इस चहकार, और शेरी सफ़र की इस राह को खोटा न होने दें।"

उर्दू अदब की महान शख़्सियत जनाब शम्स-उर-रहमान फ़ारूक़ी ने रिंद साहब के बारे में लिखा है—

... जनाबे 'रिंद' को मज़ामीन-ए-नौ (नए विषयों) की तलाश रहती है और वो अपनी फ़िक्र (चिन्तन) को बराबर मेहमेज़ (क्रियाशील) देते रहते हैं। शायरी महज़ मंजूम ख़्यालात (छन्दबद्ध विचारों) का मजमूआ (संकलन) नहीं है। इस बात से जनाबे रिंद साग़री बख़ूबी वाक़िफ़ हैं। वो ज़माना-ए-हाल (वर्तमान युग) की तल्ख़ियों, मायूसियों, उम्मीदों और तमन्नाओं को अपनी ग़ज़ल में बयान करते हैं, लेकिन फ़न की हुदूद (सीमाओं) में रहकर। उनका तर्ज़-ए-सुख़न (कविता लेखन शैली) किसी गुज़श्ता (गुज़रे हुए) या मौजूदा फ़ैशन या उस्ताद से मुस्त'आर (माँगा हुआ) नहीं है। वो ज़ाती वारदात (व्यक्तिगत घटना) और ख़ारजी (बाह्य) मज़ामीन (विषयों) में फ़र्क़ नहीं करते। यही वजह है कि उनकी ग़ज़ल में यकरंगी (एकरूपता) नहीं है।"

पी. पी. श्रीवास्तव 'रिंद' के बारे में इन विद्वानों की राय पढ़कर उनके मरतबे का अन्दाज़ा लगाया जा सकता है। मुझे वो मनचंदा बानी, कुमार पाशी वग़ैरा के क़बीले में नज़र आते हैं। वो इन शायरों से प्रभावित भी रहे हैं। वो अनोखेपन की वजह से ज़फ़र इक़बाल को भी पसन्द करते हैं। भीड़ से अलग चलने वाले शायरों को पसन्द करने वाले शायर का अपनी राह जुदा रखना स्वाभाविक था। पी. पी. श्रीवास्तव 'रिंद' अपनी ग़ज़ल के लिए नए-नए मज़मून (विषय) तलाश करते हैं। वो लफ़्ज़ों को कुछ इस तरह क़तार बन्द करते हैं कि एक-एक हर्फ़ (अक्षर) बोलने लगता है। 'रिंद' साहब की शब्दावली में कुछ ऐसे बुनियादी शब्द हैं जिनके इर्द-गिर्द उनकी पूरी शायरी घूमती है। सन्नाटा, तन्हाई, रात, अँधेरा, आँधी, सूरज, चिलचिलाती धूप, दीमक, झींगुर और फूल, ख़ुश्बू, सितारे, आदि ऐसे बहुत से शब्द हैं जो उनके रचना-कर्म का ताना-बाना हैं।

इसका एक पूरा परिदृश्य है, जो गम्भीर भी है और रुचिकर भी। उन्होंने मुझे ख़ुद बताया था कि जब उन्होंने जवानी में क़दम रखा तो पिता चल बसे, उनकी अर्थी के साथ में 150-200 लोग शामिल थे, अन्तिम संस्कार के बाद लोग अपने-अपने घरों को रवाना होते गए। अँधेरा छाते-छाते गिनती के आदमी घर में रह गए। रात आते-आते सिर्फ़ उनके भाई और मुलाज़िम घर में थे। वो रात सन्नाटों भरी रात थी। ऐसी गहरी उदासी और सन्नाटा जो रिंद साहब ने पहले कभी नहीं देखा था। गर्मियों के दिन थे, घर के लोग आँगन में लेटे थे। जो शख़्स चिता को आग देता है वो नीचे सोता है... रिंद साहब ज़मीन में लेट गए। छोटा सा क़स्बा... लम्बी-चौड़ी हवेली...

हर तरफ़ साँय-साँय.... गुज़रते हर पल के साथ सन्नाटा गहरा होता जा रहा था। एक-दो और सगे-सम्बन्धी आधी रात को पहुँचे और वो भी उनकी माँ से बात करके वहीं लेट गए। इधर-उधर की बात करते किसी तरह रात कटी...

सच में वो सन्नाटों भरी रात बहुत भयानक रही होगी। जो रिंद साहब के दिलो-दिमाग़ पर बुरी तरह असर कर गई और ये सन्नाटा उनकी रगों में उतर गया। ऐसा सन्नाटा न उन्होंने पहले कभी देखा था, न सुना था और न कहीं पढ़ा था। गर्मियों के दिन, घर में बिजली नहीं, सन्नाटे और तन्हाई के इस अहसास में तेज़ धूप ने और शिद्दत भर दी। छोटा क़स्बा एक प्रकार से गाँव ही होता है। मौसमी चिड़ियों की चहकारें, जुगनुओं की चमक, और चमगादड़ों की चीख़ें भी गाँव के पर्यावरण का हिस्सा होती हैं। उस रात के भयानक अँधेरे में जुगनू और झींगुर भी चिल्ला रहे थे। झींगुर जब चीख़ता है तो लगातार चीख़ता है, साँस भी नहीं लेता। उसकी चिल्लाहट इतनी दर्द भरी होती है कि सन्नाटे को चीरती हुई दिल को दहला देती है। झींगुरों की चिल्लाहट भी 'रिंद' साहब के अहसास की चीख़ में शामिल हो गयी। उस ज़माने की आँधियाँ भी बहुत मशहूर हैं। अब इतनी तेज़ आँधियाँ भी नहीं आतीं जब दिन में अँधेरा छा जाता था, या दिन पीला पड़ जाता था। आँधियों के तेज झक्कड़ भी उनकी तन्हाई का हिस्सा बन गए थे।

पी. पी. श्रीवास्तव 'रिंद' ने उसके बाद भी, अपने जीवन में ख़ुद को कई बार अकेला महसूस किया। ये सन्नाटा और तन्हाई उनकी ज़िन्दगी में दाख़िल होकर इस तरह घुल-मिल गए कि उनके वजूद का अटूट हिस्सा बन गए। वो इनसे ख़ुद को कभी अलग नहीं कर पाए। यही तन्हाई और सन्नाटा अलग-अलग पहलुओं से उनके क़लम से बरामद होता रहा। इस सन्नाटे और अकेलेपन के अलावा आँधी की आवाज़, झींगुर की चीख़, धूप की तिलमिलाहट, जुगनू की टिमटिमाहट और चिड़ियों की चहचहाहट भी उनके दिल में आबाद हो गई है।

चूँकि पी. पी. श्रीवास्तव 'रिंद' की शायरी का आगाज़ अजमेर शरीफ़ से हुआ था लिहाज़ा राजस्थान के मरुस्थानों ने भी उनकी शायरी को ख़ूब हुस्न बख़्शा है। पुराने लोगों में असातिज़ा (गुरुओं) के एहतिराम का जज़्बा कूट-कूट कर भरा होता था। 'रिंद' साहब ने भी इस परम्परा को निभाया है। वो अपने उस्ताद साग़र अजमेरी को आज भी क़दम-क़दम और पल-पल याद करते हैं। ये कहते नहीं थकते कि "ये सब उस्ताद का फ़ैज़ (कृपा) है, उनका करम हमेशा मुझ पर रहा...." वो उन्हें अपनी शायरी में ख़िराज-ए-अक़ीदत (श्रद्धांजलि) पेश करते रहते है—

है 'रिंद' हज़रते साग़र की याद हर लम्हा
करम है उनका जो फ़िक्र सुख़न तक आया हूँ

वो अपने उस्ताद 'साग़र अजमेरी' की मुनासिबत से ही अपना नाम पी.पी. श्रीवास्तव 'रिंद' साग़री लिखते हैं। पी. पी. श्रीवास्तव 'रिंद' मज़हर इमाम, उनवान चिश्ती, मख़मूर सईदी, अमीर आग़ा जैसे बाँके और निराले शायरों के समकालीन रहे हैं, वो इनके प्रति श्रद्धाभाव भी रखते हैं। और अब... जब उनके साथ के लोगों में कोई बचा नहीं है, तो वो इनकी यादों से अपनी तन्हाई को महकाते रहते हैं।

शायरी के लिए तीन 'मीम' वाला वो फ़ॉर्मूला जो उन्हें अपने बड़ों (अग्रजों) से मिला था, वो भी हमेशा उनकी नज़र में रहता है। यानी उर्दू के अक्षर 'मीम' से शुरू होने वाले तीन शब्द—मुतालिआ (अध्ययन), मश्क़ (अभ्यास) और मश्विरा (सलाह)... ये मन्त्र वो आने वाली नस्लों को भी सिखाते रहते हैं।

हालाँकि, 'रिंद' साहब की शायरी एक लम्बे अरसे से उर्दू में छपती रही है, लेकिन देवनागरी में उनकी शायरी का यह पहला संस्करण है। इसकी ख़ास वजह यह है कि वो उर्दू से बेपनाह मुहब्बत करते हैं और उर्दू दुनिया में ही रचते-बसते हैं। लेकिन... पिछले कई बरस से अपने दोस्तों की सलाह और ग़ज़ल की विभिन्न भारतीय भाषाओं में बढ़ती लोकप्रियता को ध्यान में रखकर उन्होंने अपनी ग़ज़लों का हिन्दी संकलन निकालने का मन बनाया। इस काम को अंजाम तक पहुँचाने के लिए उन्होंने मुझ पर भरोसा किया। ग़ज़ल से लगाव रखने वाले लेकिन उर्दू न पढ़ पाने वाले समूह की ओर से उनके इस अहम फ़ैसले का अवश्य स्वागत होगा।

इस ग़ज़ल संग्रह को सम्पादित करते समय मेरा 'रिंद' साहब के साथ एक अनोखा तजुर्बा भी हुआ। दरअसल जब मैं उनकी ग़ज़लों के कुछ मिसरों को ज़्यादा बारीकी से समझने के लिए उनसे गुफ़्तगू करता था, तो वो अपने उसी मिसरे को कुछ पलों में पहले से ज़्यादा धारदार बनाकर या बदलकर उसे और भी ख़ूबसूरत बना देते थे। सच में, नब्बे की उम्र पार चुके 'रिंद' साहब की रचनात्मकता का यह जीता-जागता नमूना है।

'रिंद' साहब का शे'री सफ़र काफ़ी तवील है। उनका बहुत सा कलाम अभी अप्रकाशित है। ये ख़ज़ाना उनकी अलमारी में किताबों के ढेर में दबा पड़ा है। उनके दिल में चिन्तन का उबलता हुआ लावा अब भी फूट पड़ता है। जिसकी एक वज़ह उर्दू और शायरी से उनका इश्क़ है। और...यह इश्क़ सच्चा है। यही वजह है कि 'रिंद' साहब ने शायरी को न तो कभी मान-सम्मान का ज़रिया बनाया न रोज़गार का। और इसी निःस्वार्थ और ख़ालिस भावना की वजह से उन्हें अदबी दुनिया में इज़्ज़त की नज़र से देखा जाता है।

अदब हो या आर्ट, कोई भी फ़न या कला-फ़नकार से दिल का उजाला माँगती है। 'रिंद' साहब ने शायरी को ख़ून-ए-दिल की रोशनी पिलाई है।

मेरे लिए सीनियर पीढ़ी के जुदागाना (भिन्न) इस शायर की छपी हुई ग़ज़लों में से कुछ को चुनना बहुत मुश्किल काम था। मुझे हमेशा लगता था कि इस ग़ज़ल को भी ले लूँ और उसे भी न छोड़ूँ। लेकिन संग्रह की पाबंदियों और पाठक की रुचि को ध्यान में रखकर मैंने इस मुश्किल रास्ते का सफ़र पूरा किया है। मुमकिन है... मेरे इस पैमाने में कहीं कुछ कमियाँ रह गयी हों, लेकिन मुझे यह पूरा यक़ीन है कि इस संकलन के माध्यम से हिन्दी पाठक वर्ग जनाब पी. पी. श्रीवास्तव 'रिंद' की शायरी को समझने में ज़रूर कामयाब होगा। साथ ही, ग़ज़ल लिखने वालों को इस संग्रह की ग़ज़लें न सिर्फ़ नई ज़मीन और नया फ़लक देंगी बल्कि उनको अपनी पहचान बनाने में भी मदद करेंगी।

मैं शुक्रगुज़ार हूँ पी.पी. श्रीवास्तव रिंद साहब का कि उन्होंने इस किताब की तैयारी के लिए मुझ नाचीज़ को चुना। बेहतरीन शायर और बहतरीन इन्सान आलोक यादव इस संग्रह को देवनागरी में निकालने के प्रेरणा स्रोत बने। उनकी प्रतिबद्धता सराहनीय है। हिन्दी और उर्दू दोनों भाषाओं के सीनियर कवियों, आलोचकों और विद्वानों ने इस ग़ज़ल संकलन पर खुले दिल से अपनी राय पेश की। इसके लिए मैं सर्वश्री बालस्वरूप 'राही', विज्ञान व्रत, प्रो. असग़र वजाहत का आभार व्यक्त करता हूँ। इस संकलन का सम्पादन प्रो. अख़्तरुल वासे के सान्निध्य में हुआ है। उनके अपार स्नेह का हक़ शुक्रिया जैसे औपचारिक शब्द से अदा नहीं हो सकता।

अगर भाई राजमणि श्रीवास्तव का आभार व्यक्त नहीं किया गया तो नाइंसाफ़ी होगी। ग़ज़लों के चयन और पाण्डुलिपि की तैयारी में उन्होंने क़दम-क़दम पर मदद की, जिससे मेरा काम आसान हुआ। राजमणि जी, 'रिंद' साहब के सुपुत्र हैं। वह राष्ट्रीय अभिलेखागार के पूर्व सहायक निदेशक हैं और ख़ुद भी अच्छे लेखक, कवि व ख्याति प्राप्त शख़्सियत हैं। उनके सप्रेम सहयोग का बेहद शुक्रिया।

आपकी क़ीमती राय का इन्तिज़ार रहेगा।

—मोईन शादाब

सीनियर एंकर/प्रोड्यूसर,

उर्दू न्यूज़ चैनल, आलमी सहारा

सहारा न्यूज़ नेटवर्क, नोएडा/नई दिल्ली

shadabmoien@gmail.com

ग़ज़लें

उदासी में घर आँगन बोलता है
कि जैसे ख़ाली बरतन बोलता है

हवस[1] अंगड़ाइयाँ लेने लगी है
सियह[2] रातों का कंगन बोलता है

मुसलसल[3] बारिशें हैं आँसुओं की
ये काली शब[4] का ईंधन बोलता है

कहीं खामोश आँधी के ख़राबे[5]
कहीं पलकों पे सावन बोलता है

बहुत महदूद[6] हैं रिश्ते लहू के
यही सदियों से रावन[7] बोलता है

कभी मन्दिर में पत्थर बोलते हैं
कभी उनमें छुपा फ़न[8] बोलता है

खण्डर में सांप जब भी बोलते हैं
रिवायत[9] है वहाँ धन बोलता है

जनाबे **'रिंद'** आईना तो देखो
बुढ़ापे में भी बचपन बोलता है

---

1. वासना 2. स्याह/काली 3. लगातार 4. रात 5. वीरान जगह 6.सीमित 7. रामायण का चरित्र रावण 8. कला 9. कहावत/परंपरा

पुराने कुछ रिसाले[1] पढ़ रहे थे
तुम्हारे ही हवाले पढ़ रहे थे

वो ख़त जो जलके भी कुछ अधजले थे
उन्हें हाथों के छाले पढ़ रहे थे

फ़साने[2] ना-मुकम्मल[3] ज़िन्दगी के
मिरे कमरे के जाले पढ़ रहे थे

थकन जो रास्तों पर लिख रही थी
वो सब पैरों के छाले पढ़ रहे थे

क़सीदा[4] राह की दुश्वारियों[5] का
डगर पर चलने वाले पढ़ रहे थे

पुराना ख़्वाब देखो, छत पे हम तुम
गले में बाँह डाले पढ़ रहे थे

जनाबे '**रिंद**' थे, याद-ए-ख़ुदा[6] थी
नमाज़ अल्लाह वाले पढ़ रहे थे

---

1. पत्रिकाएँ 2. कहानियाँ 3. अधूरे 4. प्रशंसा / पद्यात्मक प्रशंसा (एक प्रकार की कविता अथवा विधा जिसमें किसी की तारीफ़ की जाती है) 5. कठिनाइयाँ 6. ख़ुदा की याद

जब समाई न आसमान में धूप
आ गई घर के सायबान[1] में धूप

छोटे बच्चों की तरह घण्टों से
खेलती फिर रही है लान में धूप

आओ खेलेंगे धूप-छाँव का खेल
कह गई बादलों से कान में धूप

रोशनी पंख फड़फड़ाती हुई
फ़ाख़्ता[2] है कि है उड़ान में धूप

ख़ुद को सूरज बनाना पड़ता है
कोई देता नहीं है दान में धूप

सर्द बारिश के बाद सहमी हुई
भीगे पर सेंकती है लान में धूप

सर्दियों के उखड़ गए ख़ैमे[3]
'रिंद' आने लगी उठान में धूप

---

1. छत / छाजन / छज्जा 2. एक पक्षी का नाम / कंडुक 3. तम्बू / डेरा

भीनी-भीनी गली-गली है हवा
शह्र में तेरे सो गई है हवा

घर की छत पर, परों को फैलाए
दर्द की धूप सेंकती है हवा

जंगली फूल की महक लेकर
बूढ़े मन्दिर को पूजती है हवा

सर्द माहौल, रात, ख़ामोशी
आज तो जैसे जम गई है हवा

जिस्म का तार-तार टूटता है
आज किस रुख़[1] की चल रही है हवा

आँधियों का मिज़ाज तो देखो
पेड़ पर चढ़के नाचती है हवा

ख़ुश्क[2] दरिया[3] की रेत से ऐ '**रिंद**'
नाम किस का मिटा रही है हवा

---

1. ओर / तरफ़ / दिशा 2. सूखा / ख़ुश्क 3. नदी

ज़िन्दगी का रुख़[1] बदल गए
हादसे गुलाल मल गए

आँसुओं से आरती करो
मन्दिरों में दीप जल गए

इस बरस वो गर्मियाँ पड़ीं
पत्थरों के दिल पिघल गए

किस तरह की आँधियाँ चलीं
ख़ुद-ब-ख़ुद[2] चिराग़ जल गए

राहबर[3] को ठोकरें लगीं
राहरौ[4] सँभल-सँभल गए

दिल में एक मूर्ति लिए
हम कहाँ न सर के बल गए

क़हक़हों की बारिशों में **'रिंद'**
जाने कितने दर्द पल गए

---

1. चेहरा / दिशा 2. अपने आप / स्वयं 3. रास्ता दिखाने वाला / मार्ग दर्शक 4. रास्ता चलने वाले / पथिक

कोई ख़ुद सोचे फिर उसके घर में क्या रह जाएगा
रात को जब घर का दरवाज़ा खुला रह जाएगा

तेज़ बारिश जब बुझा देगी घने जंगल की आग
अधजले पेड़ों का लम्बा सिलसिला रह जाएगा

अपनी ही आवाज़ जब खा जाएगी आवाज़ को
आदमी अन्धे कुएँ में चीख़ता रह जाएगा

जब भी टूटेंगी तनाबें[1], जब भी तूफ़ां आएंगे
वक़्त खैमों[2] में हमारे झाँकता रह जाएगा

अपनी ही परछाइयों के हुस्न[3] में खोया हुआ
हम नहीं होंगे हमारा आईना रह जाएगा

बे-तकल्लुफ़[4] तुम तो मुड़ जाओगे अगले मोड़ पर
डूबती नज़रों से कोई देखता रह जाएगा

मेरे अन्दर ख़ुद बढ़ेंगी **'रिंद'** जब बेज़ारियाँ[4]
फ़ासला अपनी हदों में रेंगता रह जाएगा

---

1. रस्सियाँ / वो मोटी डोरी जिससे तम्बू के बाँस आदि खींचकर खूँटों से बाँधे जाते हैं
2. डेरों / तम्बु का बहुवचन 3. सुन्दरता 4. नि:संकोच

आग के लगते ही सामान लुटा है क्या-क्या
कैसे बतलाएं कि इस घर में जला है क्या-क्या

हाकिम-ए-शह्र[1] है आसूदा,[2] इसे कौन पढ़े
फ़िक्र-आलूदा[3] जबीनों[4] पे लिखा है क्या-क्या

मुझको आवारा कहें ग़ैर तो अफ़सोस नहीं
क्या बताऊँ मुझे अपनों ने कहा है क्या-क्या

सारे इल्ज़ाम सर आँखों पे मगर सोचो तो
चंद ज़ख़्मों के सिवा तुमने दिया है क्या-क्या

"कभी ग़ैरों की शिकायत कभी अपनों का गिला"
मैंने वहशत[5] में ख़ुदा जाने कहा है क्या-क्या

घर में तन्हा थे, न ग़म था, न कोई आहट थी
शह्र में घूमने निकले तो खुला है क्या-क्या

मेरी बदनामी का चर्चा है जहाँ में ऐ **'रिंद'**
तुम भी बतलाओ भला तुमने सुना है क्या-क्या

---

1. शहर का शासक / मालिक, राजा 2. सन्तुष्ट / बेफ़िक्र 3. चिन्तित 4. माथा (बहुवचन) ललाट / मस्तक 5. घबराहट / उदासी

ज़ख़्म तो मद्धम दिखता है
वार मगर कुछ गहरा है

लहू दिये में जलता है
हैरत में सन्नाटा है

चलती फिरती आहट को
अँधियारे ने देखा है

ख़ुश्क फ़िज़ा[1] ने चोरी की
चाँद ने ताला तोड़ा है

बोसीदा[2] लम्हों वाला
ज़ंग लगा सन्नाटा है

एक बरेहना[3] ख़्वाहिश ने
कितना शोर मचाया है

मौसम ने एहसान किया
सावन तन्हा भेजा है

'रिंद' त'अल्लुक़[4] कुछ भी नहीं
फिर भी उससे रिश्ता है

---

1. रूखा-सूखा माहौल / वातावरण 2. पुराना / जर्जर 3. नग्न / बिना ढका / जो ढका न हो
4. सम्बन्ध

नफ़रत के मीनारे चुप
तन्हाई में तारे चुप

लावारिस[1] है सन्नाटा
घर के सब बेचारे चुप

मौसम है सफ़्फ़ाक[2] बहुत
बेसम्ती[3] में सारे चुप

ख़ाली-ख़ाली लम्हों[4] में
सारे ग़म के मारे चुप

बस्ती में भी ख़ामोशी
जंगल में बंजारे चुप

रातों से जुगनू ग़ायब
सुब्ह हुई, अँधियारे चुप

गरम लहू है ख़्वाबों का
यादों के फ़व्वारे चुप

'रिंद' शिकस्ता[5] लम्हों में
रातों के अंगारे चुप

---

1. जिसकी कोई देखभाल करने वाला न हो / अनाथ 2. ज़ालिम / निर्दयी 3. दिशाहीनता / आवारगी 4. पलों / क्षणों 5. जर्जर

आँखों में सारे कर्ब[1] के मंज़र समेट लाए
दुनिया का ज़ह्र अपने ही अन्दर समेट लाए

घर में उतरती शाम से घबरा गए थे हम
छत पर चढ़े तो धूप के कुछ पर समेट लाए

सूरज था तेज़गाम[2] तो हमने भी ये किया
परछाइयों को क़द के बराबर समेट लाए

यलग़ार[3] बढ़ रही है सवेरे की इस लिए
सालार-ए-वक़्त[4] रात के लश्कर[5] समेट लाए

तर्क-ए-तअल्लुक़ात[6] की बेहुरमती[7] न हो
रिश्तों को अपने सोच समझकर समेट लाए

मायूसियों को इक नई हिजरत[8] के वास्ते
हम क़ाफ़िले की आँख बचाकर समेट लाए

ऐ **'रिंद'** किस जुनून[9] में निकले थे आज तुम
सारी रुतों को अपने ही अन्दर समेट लाए

---

1. पीड़ा / दुख 2. तेज़ रफ़्तार / शीघ्रगामी / तीव्र गति वाला 3. हमला / धावा / चढ़ाई 4. समय का अगुआ/सेनापति / सरदार 5. सेना / फ़ौज 6. सम्बन्ध विच्छेद / पृथक करना 7. अपमान 8. पलायन 9. दीवानगी / पागलपन

'रिंद' खोते हो अपना मान कहाँ
माँगने से मिला है दान कहाँ

धूप की सल्तनत[1] में रहते हैं
अपनी क़िस्मत में सायबान[2] कहाँ

चल रहा है, हमारे साथ उफ़ुक़[3]
ख़त्म होगा ये आसमान कहाँ

जबकि पत्थर उगे हों खेतों में
फ़स्ल[4] बोए भला किसान कहाँ

हौसलों का हुनर[5] है ये वरना
हम कहाँ और ये चटान[6] कहाँ

घर की चिड़ियों ने फ़स्ल चुग डाली
खेत-खलियान का निशान कहाँ

मुफ़लिसी[7] **'रिंद'** की विरासत है
वो हवेली वो ख़ानदान[8] कहाँ

---

1. रजवाड़ा / शासन / सत्ता / कला 2. छत / छाया करने वाली वस्तु 3. क्षितिज 4. फसल 5. शिल्प 6. चट्टान 7. ग़रीबी / निर्धनता 8. कुंबा / कुटुंब / परिवार

तुम्हें हिजरत[1] का अन्दाज़ा नहीं है
ये तपती रेत है, साया नहीं है

ये माना मोम के तुम भी नहीं हो
मिरा दिल भी तो पत्थर का नहीं है

तुम इतने ग़ौर से क्यों पढ़ रहे हो
मिरे चेहरे पे कुछ लिक्खा नहीं है

चलो यादें ज़मीं में दफ़्न कर दें
कोई इसके सिवा चारा नहीं है

ये दिन कैसे गुज़रता है, न पूछो
कि सूरज शाम तक ढलता नहीं है

वो बरगद अब भी मेरे गाँव में है
मगर चौपाल का मुखिया नहीं है

अजब[2] हालत है, यादों का परिन्दा
हुई मुद्दत कि अब उड़ता नहीं है

कभी भूले से बेचारा न कहना
तुम्हारा '**रिंद**' बेचारा नहीं है

---

1. पलायन 2. अजीब / विचित्र

सरसराती छाँव का अन्धा सफ़र अच्छा लगा
आज हर मंज़र[1] ब-अन्दाज़े दिगर[2] अच्छा लगा

आईने[3] में आज ख़ुद को देखकर अच्छा लगा
मुद्दतों के बाद यादों का सफ़र अच्छा लगा

यूँ तो कहने को बहुत था, मुख़्तसर[4] अच्छा लगा
दो घड़ी का साथ मुझको उम्र भर अच्छा लगा

रूह[5] की आवाज़, धुन्धले अक्स,[6] तन्हा चाँदनी
ऐसे आलम[7] में मुझे अपना ही घर अच्छा लगा

बात तो कुछ भी न थी, लेकिन अँधेरी रात में
इक दिया जलता हुआ दहलीज़[8] पर अच्छा लगा

मेरा बेटा अपने बच्चे को लिये था गोद में
फूलता-फलता ये रिश्तों का शजर[9] अच्छा लगा

किस क़दर मुख़लिस[10] था वो आवारा-ए-ग़म[11] का ख़याल
'रिंद' जिसको ऐब-पोशी[12] का हुनर[13] अच्छा लगा

---

1. दृश्य 2. भिन्न रूप में 3. दर्पण 4. संक्षिप्त / संक्षेप में 5. आत्मा 6. परछाईं / छाया /प्रतिबिम्ब 7. हालत / दशा / स्थिति 8. ड्योढ़ी / चौखट 9. पेड़ / वृक्ष 10. निश्छल / सद्भावक / खरा / सच्चा 11. ग़म में आवारा 12. दोष छुपाना 13. कला

आज नज़रों से अजब[1] लुत्फ़ का मंज़र[2] गुज़रा
कोई शीशा नहीं खिड़की में तो पत्थर गुज़रा

आज सीने से तमन्नाओं[3] का महशर[4] गुज़रा
और आँखों से समन्दर पे समन्दर गुज़रा

सर्द अलसाई हुई रात में चुपके-चुपके
आज ये कौन मिरी रूह को छूकर गुज़रा

फूल ही फूल थे बिखरे हुए ता-हद्दे-नज़र[5]
मैं तिरी याद में जिस राह से होकर गुज़रा

अब घटाएँ भी थिरकती हैं फिज़ा[6] में हर सू
जुल्फ़[7] बिखराता हुआ कौन खुले सर गुज़रा

दर्द का दीप जलाए हुए ख़ामोशी से
मेरा ही साया मिरे पास से होकर गुज़रा

नफ़्सी-नफ़्सी[8] का ये आलम[9] है, कि मेरा ही वजूद[10]
मेरे हालात से ख़ुद आँख बचाकर गुज़रा

क्या कहें '**रिंद**' कि इस दौर-ए-ज़िया-परवर[11] में
कितनी तारीक[12] ख़लाओं[13] से मुक़द्दर गुज़रा

---

1. अनोखा / विचित्र 2. दृश्य 3. इच्छाओं 4. क़यामत / प्रलय 5. दृष्टि की सीमा तक 6. माहौल / वातावरण 7. बाल / केश 8. आपाधापी जहाँ हर व्यक्ति को केवल अपनी चिन्ता हो 9. स्थिति 10. अस्तित्व 11. उजालों का युग 12. अंधियारी 13. अन्तरिक्ष

किस तरह बतलाएं क्या-क्या छोड़ कर आए हैं हम
अपने पीछे अपनी दुनिया छोड़ कर आए हैं हम

अपने पहलू[1] में अज़ाब-ए-कर्ब-ए-तन्हाई[2] लिए
चाँद घर की छत पे जलता छोड़ कर आए हैं हम

ख़ानदानी[3] चश्मकें[4], आपस के झगड़े देखकर
अपनी बस्ती अपना क़स्बा छोड़ कर आए हैं हम

जिसकी शाखों[5] ने हमें झूले झुलाए थे वो पेड़
धूप की शिद्दत[6] में जलता छोड़ कर आए हैं हम

जिसके हर गोशे[7] में रहता था चिराग़ां[8] रात भर
उस हवेली में अँधेरा छोड़ कर आए हैं हम

ऐसी चीज़ों का भला करते भी क्या परदेस में
अपना माज़ी,[9] अपना शजरा,[10] छोड़ कर आए हैं हम

'रिंद' अपने घर के उस टूटे हुए से ताक़[11] पर
इक दिया[12] मिट्टी का जलता छोड़ कर आए हैं हम

---

1. करवट / बग़ल 2. तन्हाई की पीड़ा / दण्ड 3. पारिवारिक 4. मनमुटाव / वैमनस्य / कलह 5. डालियों 6. तेज़ी / तीव्रता 7. कोने 8. बहुत से दीपकों का जलना / दीप माला 9. अतीत 10. वंशावली 11. आला / ताखा / दीवार में दीपक रखने का स्थान 12. दीया / चिराग

हर तरफ़ इक हमा-हमी[1] तन्हा
शह्र आबाद आदमी तन्हा

झाँकती ही रही मुँडेरों से
मेरे आँगन में चाँदनी तन्हा

क़हक़हों के हुजूम[2] में खोकर
रह गया ग़म कभी-कभी तन्हा

इसका अफ़सोस है कि मेरे बाद
रह गई है तिरी गली तन्हा

शमा की तरह जलके महफ़िल को
हमने बख़्शी है रोशनी तन्हा

चाँदनी रात मुँह लपेटे हुए
ग़म के बिस्तर पे सो गई तन्हा

'रिंद' इसको न ज़िन्दगी कहिए
रोते-रोते जो कट गई तन्हा

---

1. हंगामा 2. भीड़

जिस जगह उग रहे थे फूल ऐ दोस्त
बो दिए वक़्त ने बबूल ऐ दोस्त

भूल से हो गई जो भूल ऐ दोस्त
उसका अहसास अब फ़ुजूल[1] ऐ दोस्त

पड़ गया ज़र्द[2] मौसमों का शबाब[3]
खिलके मुरझा गए हैं फूल ऐ दोस्त

सोच के रास्तों ने चेहरों पर
किस क़दर डाल दी है धूल ऐ दोस्त

कौन समझेगा बावफ़ा मुझको
तोड़ भी दूँ अगर उसूल[4] ऐ दोस्त

दिल जो टूटा बिखर गईं यादें
अब कहाँ दास्ताँ में तूल[5] ऐ दोस्त

'रिंद' को मौसम-ए-बहारां[6] के
ज़र्द पत्ते भी हैं क़ुबूल[7] ऐ दोस्त

---

1. व्यर्थ 2. पीले / पीत 3. यौवन / चरम 4. सिद्धान्त 5. लम्बाई / दीर्घता 6. बसन्त ऋतु 7. स्वीकार्य / स्वीकार

या इलाही फ़िक्र[1] दे मुझको तो आलीशान दे दे
मेरे लहज़े[2] मेरी ग़ज़लों को अलग पहचान दे दे

ज़िन्दगी का बोझ था इतना कि काँधे थक गए हैं
मुझको इस लम्बे सफ़र में कम से कम सामान दे दे

पत्थरों के चंद सौदागर तिजारत[3] कर रहे हैं
उनको भी शीशागरों[4] के पास की दूकान दे दे

जब घनी रातों के दरवाज़ों पे ताले पड़ गए हों
कोई तो सिमटी फ़िज़ाओं[5] को अलग पहचान दे दे

ज़ालिमाना[6] रतजगों में पत्थरों की बारिशें हैं
हम मुहाजिर[7] हैं हमें लम्बा सफ़र आसान दे दे

तितलियाँ सी उड़ रही हैं **'रिंद'** मेरी धड़कनों में
दिल के सन्नाटों में ही गोशा[8] कोई वीरान दे दे

---

1. सोच / चिन्तन 2. काव्य शैली 3. कारोबार / व्यवसाय 4. काँच का सामान बनाने वाले 5. माहौल / वातावरण 6. अत्याचारियों जैसा 7. पलायन कर्ता 8. कोना

तकल्लुफ़[1] भर मिज़ाज-ए-रंग-ओ-बू[2] हो
कि गुल-मौसम की तुम ही आबरू हो

अगर लम्बे सफ़र में साथ तू हो
तो बंजर रास्तों में भी नुमू[3] हो

सहर[4] कपड़े बदलना चाहती है
जो सन्नाटे की चादर चार-सू[5] हो

बदन पर लम्स[6] के जुगनू हैं रक़्सा[7]
हया कहती है गूँगी गुफ़्तगू[8] हो

शफ़क़-सूरज[9] जो बिखरा आसमां पर
हमारे जिस्म का शायद लहू हो

तुम्हें कैसे कोई ऐ '**रिंद**' समझे
जवाबों में सवाली[10] गुफ़्तगू हो

---

1. शिष्टाचार / दिखाने भर 2. फूलों के रंग और सुगन्ध का स्वभाव / बहार जैसा स्वभाव 3. उगना / उत्पत्ति 4. सुबह / प्रात: 5. चारों तरफ़ 6. छुवन 7. नाचना / नृत्य करना 8. बातचीत 9. ऊषा / सूर्य निकलते और डूबते समय क्षितिज पर दिखाई देने वाली लालिमा 10. सवाल करने वाली

ख़राबे[1] जब परेशानी में आए
कई लम्हे भी हैरानी में आए

तपिश-मौसम[2] के थे अपने मसाइल[3]
कई सूरज भी हैरानी में आए

समन्दर से कहो, ख़ुद में सिमट कर
कभी सैलाब के पानी में आए

कभी ऐसा न हो दीवानगी में
सुलगती धूप नादानी में आए

जहाँ पर दफ़्न थे माज़ी[4] के लम्हे
हमारी अपनी निगरानी में आए

कभी उनकी भी सूरत '**रिंद**' देखो
अचानक जो परेशानी में आए

---

1. वीराने 2. तपन वाली ऋतु / गर्मी 3. समस्याएँ 4. अतीत

जब कोई दर्द-आशना[1] बाक़ी नहीं घरबार में
अब घने जंगल में भटकूँ या भरे बाज़ार में

साँकलें सूखे किवाड़ों की लगा लो दोस्तो !
एक सौदाई[2] अभी मशगूल[3] है तकरार[4] में

मेरे घर वालों ने दीवारों को ऊँचा कर लिया
सारे रिश्ते चुन दिए हैं मुस्तक़िल[5] दीवार में

चंद यादें, चंद लम्हे, चंद चेहरे, चंद लोग
कोपलें कुछ फूट आई हैं कटे अशजार[6] में

हम मुसाफ़िर रेत की सम्तों[7] में चलते ही रहे
और सावन के तमन्नाई[8] बने बेकार में

'रिंद' अब लाएं कहाँ से हम ग़ज़ल में ताज़गी
इस्तिआरे[9] भी तो ज़म[10]होते नहीं अशआर[11] में

---

1. पीड़ा को समझने वाला 2. पागल 3. व्यस्त 4. बहस 5. स्थायी रूप से 6. वृक्षों 7. दिशाओं 8. इच्छुक / अभिलाषी 9. रूपक 10. विलय 11. शेर का बहुवचन

जब सलाम-ओ-पयाम[1] याद आए
कुछ हसीनों के नाम याद आए

ज़ीस्त[2] की उलझनें अरे तौबा !
तेरी जुल्फ़ों के दाम[3] याद आए

जब भी भटका हूँ अपनी मंज़िल से
आपके नक़्शे-ए-गाम[4] याद आए

वक़्त ऐसा भी आया उलफ़त[5] में
जुल्म[6] उनके तमाम याद आए

याद मेरी उन्हें भी आती है
जो मुझे सुब्ह-ओ-शाम[7] याद आए

अहद-ए-रफ़्ता[8] पे जब नज़र डाली
उस नज़र के पयाम[9] याद आए

'रिंद' जब दुश्मनों का ज़िक्र[10] आया
दोस्तों के भी नाम याद आए

---

1. सलाम यानी अभिवादन के साथ आने वाला सन्देश 2. ज़िन्दगी 3. फन्दे 4. पद चिह्न 5. मुहब्बत / प्रेम 6. अत्याचार 7. सुबह-शाम 8. बीता हुआ समय 9. सन्देश 10. चर्चा

दिन-भर तो दफ़्तर रहता है
घर लौटे तो मर रहता है

वैसा ही कोहराम है बाहर
जो मेरे अन्दर रहता है

गहरे पानी में मत झाँको
कोई वहाँ छुपकर रहता है

वो जो है मिसमार[1] खण्डर सा
उस में सारा घर रहता है

क़ह्र[2] न कोई हम पर टूटे
हर दम दिल में डर रहता है

'रिंद' तुम्हारे दिल में भी तो
ख़्वाहिश का लश्कर[3] रहता है

---

1. ढाया हुआ / ध्वस्त 2. क़हर / प्रकोप 3. फ़ौज

अभी बिगड़े नहीं हालात घर में
अभी चलती है मेरी बात घर में

कभी आँधी, कभी बरसात घर में
कई मौसम उगे कल रात घर में

उदासी, दर्द, वहशत,[1] बे-क़रारी[2]
इन्हीं चीज़ों की है बहुतात[3] घर में

कभी तन्हाइयों के शामियाने
कभी तारों भरी बारात घर में

वो इक साया था जो आसेब[4] बन कर
रहा बरसों हमारे साथ घर में

अजब[5] ख़ामोशियाँ थीं घर के बाहर
अजब इक शोर था कल रात घर में

जनाबे '**रिंद**' लोगों की नज़र से
छुपा कर लाए इक सौग़ात[6] घर में

---

1. उदासी / घबराहट 2. व्याकुलता 3. बहुलता 4. भूत-प्रेत 5. अजीब / विचित्र 6. उपहार / भेंट

वो हसरतें[1] जो साथ दर-ए-यार[2] तक गईं
जब वक़्त आ पड़ा तो मुझे हार तक गईं

जो मेरी हमनवा[3] थीं वो रुसवाइयाँ[4] मिरी
घर से निकल के कूचा-ओ-बाज़ार[5] तक गईं

चढ़ती हुई सी धूप में ताबानियों[6] के साथ
कुछ ज़ुल्मतें[7] भी साया-ए-दीवार[8] तक गईं

मेरे जुनून-ए-शौक़[9] की बेबाक[10] हसरतें[11]
इतनी बढ़ीं कि सिलसिला-ए-दार[12] तक गईं

तख़ईल[13] की हसीन बहारें भी थीं अजीब
सहरा[14] से जब चलीं गुल-ओ- गुलज़ार[15] तक गईं

चढ़ते समुन्दरों की जो मौजें[16] उठीं तो फिर
ठण्डी हवा के रूप में कोहसार[17] तक गईं

कितनी हसीन **'रिंद'** थीं वो सरगिरानियाँ[18]
जो तीर की तरह दिल-ए-मयख़्वार[19] तक गईं

---

1. लालसा / इच्छाएँ / वह अरमान जो दिल में रह जाए 2. प्रेमी अथवा मित्र का द्वार 3. एक जैसी / एक राय रखने वाला 4. बदनामियाँ 5. गली और बाज़ार 6. चमक / आभा 7. अँधेरे 8. दीवार की छाया 9. दीवानगी / उन्माद 10. निडर 11. हद से ज़्यादा चाहत / तीव्र चाहत 12. फाँसी के फन्दे या तख़्ते तक 13. कल्पना 14. मरुस्थल 15. हरी-भरी जगह 16. लहरें 17. पर्वत माला 18.नाराज़गी / रोष 19. मदिरापान करने वाला

जो बुझ गए थे सर-ए-शाम ही[1] से चौखट पर
वही चिराग़ जलें हैं ज़रा सी आहट पर

ये किसकी आँख से टपके हैं सुर्ख़-सुर्ख़ आँसू
ये किसने फूल चढ़ाए वफ़ा की चौखट पर

किसी तरह भी शब-ए-ग़म[2] न दिल को चैन मिला
उठा है दर्द-ए-तमन्ना[3] हरेक करवट पर

ज़रूर कोई अहम बात हो गई होगी
खनक नहीं है वो अब चूड़ियों की पनघट पर

हमारे दिल की हक़ीक़त ही क्या, कि जान-ए-चमन[4]
हज़ार फूल फ़िदा[5] तेरी मुस्कुराहट पर

तमाम रात धड़कता रहा है दिल मेरा
किवाड़ खोल दिए हैं ज़रा सी आहट पर

शब-ए-तसव्वुर-ए-जानां[6] को **'रिंद'** क्या कहिए
गुमान-ए-हुस्न[7] है तारों की झिलमिलाहट पर

---

1. शाम शुरू होते ही / सन्ध्या वेला 2. दुख की रात 3. इच्छाओं की पीड़ा 4. चमन की जान / वाटिका 5. निछावर / न्योछावर 6. प्रेयसी की कल्पना / ध्यान वाली रात 7. किसी सुन्दरी अथवा सौन्दर्य का गुमान या भ्रम होना

सोने-चाँदी के खिलौनों से नहीं बहलेगा
दिल वो बच्चा है जो मचलेगा तो फिर रो देगा

सोचती आँखों से कब ज़ह्न के दरवाज़े पर
दर्द पिघली हुई ज़ंजीर से दस्तक देगा

यूँ सुलगता है ज़माने का हर इक बन्द मकां
कोई दरवाज़ा खुलेगा तो धुआँ निकलेगा

सह्न[1] भी मैला है, दीवारें भी घर की मैली
चाँद उतरा भी तो अब आके कहाँ ठहरेगा

सो गई शह्र की सड़कों पे रुपहली रौनक़
कोई आवारा ही अब आके इसे छेड़ेगा

काश! रह जाए मेरे ज़ौक़-ए-परस्तिश[2] का भरम
काँच का शह्र है पत्थर न कोई पूजेगा

लड़खड़ाते हुए क़दमों पे न जाओ लोगो !
वही सम्भलेगा ज़माने में जो कुछ बहकेगा

हज़रत[3] ए-साग़र[4] ओ-अनवर[5] के करम से ऐ **'रिंद'**
तेरा अन्दाज़-ए-सुख़न[6] और अभी निखरेगा

---

1. आँगन 2. पूजने का शौक़ / रुचि 3. श्रीमान / आदरणीय 4. साग़र अजमेरी ('रिंद' साहब के उस्ताद) 5. अनवर चुग़ताई बरेलवी (शायर के अग्रज जिनसे उन्होंने शायरी के गुण सीखे) 6. काव्य शैली

मुस्कुराती हुई नज़रों के इशारात[1] के बाद
दिल पे क़ाबू न रहा पहली मुलाक़ात के बाद

कुछ भी अच्छा न लगा उससे मुलाक़ात के बाद
सुब्ह भी रात के मानिंद[2] हुई रात के बाद

देखना है, मुझे, इज़हार-ए-शिकायात[3] के बाद
क्या असर उन पे है बदले हुए हालात के बाद

पहले था जोश-ए-तलब,[4] आज है जोश-ए-वहशत[5]
बात बढ़ती ही गई मेरी हर इक बात के बाद

और भी तेज़ हुए आतिश-ए-ग़म के शोले[6]
दिल को तस्कीं[7] न हुई अश्कों की बरसात के बाद

ज़ुल्फ़[8] चेहरे से हटी, बर्क़[9] सी गोया[10] चमकी
रोशनी आई नज़र पर्दा-ए-ज़ुल्मात[11] के बाद

उसको नाराज़ न कर, ये तो समझ ले साक़ी
मयकदा[12] सूना है, इस '**रिंद**'-ए-ख़राबात[13] के बाद

---

1. इशारे का बहुवचन / इशारों 2. भाँति 3. शिकायतों की अभिव्यक्ति 4. पाने का उत्साह / आवेश 5. दीवानगी का उत्साह 6. ग़म की आग की लपटें 7. तस्कीन / तसल्ली 8. केश /बाल 9. बिजली 10. मानो / जैसे 11. अन्धकार का पर्दा 12. मदिरालय / मधुशाला 13. शराबी जिसका अधिकतर समय शराबखाने में व्यतीत हो

ओढ़कर हादसों ने ताज मिरा
ज़िन्दगी ने लिया ख़िराज[1] मिरा

ये रुतें क्यों बदलती रहती हैं
सिर्फ़ इतना है एहतिजाज[2] मिरा

मैं तो तन्हाइयों की महफ़िल हूँ
मुझ में पलता है इक समाज मिरा

कर्ब[3] की इक लपट भी मेरा वजूद
और सुकूं लम्स[4] भी मिज़ाज[5] मिरा

दुखते लम्हों पे पट्टियाँ रखकर
मौसमों ने किया इलाज मिरा

दूधिया सुब्ह का हसीं सूरज
रास्ता देखता है आज मिरा

हाल का क्या है हाल तो ऐ '**रिंद**'
कल नहीं होगा जो है आज मिरा

---

1. नज़राना लेना / प्रशंसा स्वीकार करना / मालगुज़ारी 2. विरोध / प्रतिवाद / आपत्ति 3. पीड़ा
4. सकून / चैन वाला 5. स्वभाव

मैं उम्र भर की थकन रहगुज़र[1] में छोड़ आया
तमाम उलझे मसाइल[2] सफ़र में छोड़ आया

मैं अपनी सोच की बैसाखियों पे चलता हूँ
पड़ाव जितने भी आए डगर में छोड़ आया

शफ़क़-मिज़ाज[3] मनाज़िर[4] कहाँ से लाए वो
धनक के रंग जो दीवार-ओ-दर[5] में छोड़ आया

अजीब शख़्स था हिजरत[6] भी की तो तन्हा की
तमाम रिश्ते जो घर के थे, घर में छोड़ आया

फिर उसके ज़र्फ़[7] ने तूफां की आबरू[8] रख ली
फिर अपनी नाव वो गहरे भँवर में छोड़ आया

अब उसके पास तो कुछ भी नहीं बचा ऐ **'रिंद'**
अना[9] तो अपनी वो, अपने नगर में छोड़ आया

---

1. रास्ता 2. समस्याएँ 3. क्षितिज की ललिमा जैसे स्वभाव वाले 4 दृश्य 5. दीवार और दरवाज़ा (लाक्षणिक-आवास / मकान) 6. पलायन 7. सामर्थ्य / सहनशीलता 8. इज़्ज़त /लाज / प्रतिष्ठा 9. स्वाभिमान

जब से ग़मों की भीड़ ने फेरा नहीं किया
तन्हाइयों ने घर में बसेरा नहीं किया

वहशत[1] ने आहटों से अजब साज़-बाज़[2] की
तारीक[3] शब[4] को और घनेरा नहीं किया

जब से उतरती शाम की रानाइयाँ[5] बढ़ीं
हमने भी अपने घर में सवेरा नहीं किया

परखा ज़रूर फ़िक्र-ओ-नज़र[6] का मुआमला[7]
अशआर[8] पर किसी के भी घेरा नहीं किया

अपनी ज़रूरतों को समेटा तमाम उम्र
लेकिन ज़मीर[9] अपना लुटेरा नहीं किया

ऐ **'रिंद'** इन दिनों मेरा कूचा[10] उदास है
मुद्दत से इक फ़क़ीर ने फेरा नहीं किया

---

1. घबराहट 2. मिलीभगत / साँठ गाँठ 3. अँधेरी 4. रात 5. सुन्दरता / सौन्दर्य 6. चिन्तन दृष्टि 7. मामला 8. शेर का बहुवचन 9. अंतरात्मा 10. गली

चंद साँसों का फ़साना[1] है क़रीब आ जाओ
हाल-ए-दिल[2] तुम को सुनाना है क़रीब आ जाओ

अपनी मासूम मुहब्बत की क़सम खाता हूँ
गुज़री बातों को भुलाना है क़रीब आ जाओ

तुमने ज़ुल्फ़ों[3] को सँवारा है परेशानी में
अब परेशान ज़माना है क़रीब आ जाओ

हिचकियाँ आती हैं, बेहोश हुआ जाता हूँ
ख़त्म होने को फ़साना है क़रीब आ जाओ

दिल में, नज़रों में, तुम्हारे ही तसव्वुर[4] का है अक्स[5]
हर तरफ़ आईना-ख़ाना[6] है क़रीब आ जाओ

वही माहौल, वही बज़्म[7], वही जाम-ओ-सुबू[8]
वही पुर-कैफ़[9] ज़माना है क़रीब आ जाओ

'रिंद' के दिल में बसे हो तो ये दूरी क्यों है
कहीं आना है न जाना है क़रीब आ जाओ

---

1. क़िस्सा 2. दिल का हाल 3. बाल / केश 4. कल्पना 5. छाया / चित्र 6. दर्पण गृह /शीशमहल / वो मकान जिसमें हर तरफ़ दर्पण लगे हों 7. महफ़िल 8. प्याला और शराब 9. मस्ती भरा

क़लम चलने लगा बेसाख़्ता[1] क्या
कोई मिसरा[2] ग़ज़ल का हो गया क्या

पुरानी नस्ल वाले जानते हैं
कि हम क्या हैं, हमारा सिलसिला[3] क्या

हमारे घर पे जो तख़्ती लगी है
उसी पर है तुम्हारा भी पता क्या

बस इतना जान लेना है ज़रूरी
यहाँ अच्छा नहीं है तो बुरा क्या

ख़ुद अपना ही गिरेबां[4] सी रहा है
ख़ुदा जाने रफ़ूगर[5] को हुआ क्या

ख़ुदी[6] बाक़ी नहीं तो कुछ नहीं है
अना[7] बाक़ी नहीं है तो बचा क्या

कहाँ जाएं भटक कर **'रिंद'** तेरा
कोई है गुमरही[8] में रास्ता क्या

1. अनायास 2. शेर की एक पंक्ति/ छन्द का पद या चरण 3. वंश / खानदान / परम्परा / शृंखला 4. गिरेबान 5. रफ़ू करने वाला 6. अभिमान / अहंभाव 7. स्वाभिमान 8. गुमराही / भटकाव

घर जो लौटे तो कुछ अन्देशे[1] उठा कर लाए
हम ही बाज़ार से सन्नाटे उठा कर लाए

अपने घर के बड़े दालान के इक गोशे[2] से
आज हम टूटे हुए रिश्ते उठा कर लाए

सर पे मँडलाते हुए अब्र[3] के उन ख़ैमों[4] तक
धूप के ज़ख़्म[5] थे जो साए उठा कर लाए

हम ही मिसमार[6] रिवायात[7] के उस मलबे से
अपनी तहज़ीब[8] के कुछ टुकड़े उठा कर लाए

रुक गए हम तो कई मंज़िलें मिलने आईं
और भटके तो कई रस्ते उठा कर लाए

इस का ख़मयाज़ा[9] भुगतना पड़ा मासूमों को
शह्र के लोग जो हंगामे उठा कर लाए

घर का माहौल ही मिसमार खण्डर जैसा था
किस जगह '**रिंद**' को बेगाने उठा कर लाए

---

1. आशंकाएँ 2. कोने 3. बादल 4. तम्बू / डेरे का बहुवचन 5. घाव 6. टूटा हुआ / ध्वस्त / खण्डित 7. परम्पराएँ / परम्पराओं 8. सभ्यता 9. परिणाम / दण्ड / नुक़सान

ज़माने की हवा में बह रहे थे
मगर अच्छी ही ग़ज़लें कह रहे थे

हवा काँटों की फ़सलें बो रही थी
ज़मीं[1] का दर्द मौसम सह रहे थे

बहुत बिखरी हुई बस्ती है दिल्ली
ये परदेसी परिन्दे कह रहे थे

बुरा हो बेख़्याली[2] का बुरा हो
अभी कुछ आप हमसे कह रहे थे

वो इक सादा वरक़[3] था जिसको पढ़कर
लरज़ते होंट[4] सब कुछ कह रहे थे

'मकाँ[5] ख़ाली है' ये तख़्ती पे लिखकर
जनाबे **'रिंद'** उसमें रह रहे थे

---

1. ज़मीन / धरती 2. लापरवाही / ख़याल न करना 3. पन्ना / पृष्ठ 4. होंठ / अधर 5. मकान

ज़मीर[1] बेचते अपना अमीर हो जाते
मगर ख़ुद अपनी नज़र में हक़ीर[2] हो जाते

जो दूसरों की तरह बे-ज़मीर[3] हो जाते
प्यादे हम भी न रहते वज़ीर हो जाते

हवा-ए-शह्र[4] अगर छूके भी गुज़र जाती
हमारे गाँव के बच्चे शरीर हो जाते

जो घर में बुझते चिराग़ों की लौ चमक उठती
अँधेरी रात के जुगनू शरीर हो जाते

गए ज़माने की फ़ुर्सत अगर हमें होती
तो हम भी शह्र-ए-ग़ज़ल[5] के अमीर[6] हो जाते

---

1. अन्तरात्मा 2. तुच्छ / हेय 3. अन्तरात्मा की परवाह न करने वाला / जिसे सही या ग़लत का एहसास न हो 4. शह्र की हवा 5. ग़ज़ल का शहर 6. सरदार / हाकिम / शासक

मुद्दतों से पड़ा है सूना घर
आप आ जाते तो महकता घर

हमसे पूछो तो हम बताएँगे
हमने देखा है अपना जलता घर

कोई तूफ़ान आने वाला है
तेज़ बारिश है और कच्चा घर

जब भी दालान की कड़ी टूटी
सिसकियाँ भरके ख़ूब रोया घर

बट न पाया वो सायादार[1] दरख़्त[2]
घर के बच्चों ने यूँ तो बाँटा घर

छोड़ कर 'फतेहगढ़'[3] को बोलो **'रिंद'**
'नोएडा'[4] तुमने क्यों बनाया घर

---

1. छायादार / छाया देने वाला 2. पेड़ / वृक्ष 3. शायर का पैतृक क़स्बा 4. शह्र जहाँ इस समय शायर (रिंद साहब) का निवास है

यादों की दहलीज़[1] पे जिस दिन बैठोगे तो जानोगे
अन्जाने से दर्द की लज़्ज़त[2] समझोगे तो जानोगे

पतझड़ के आवारा लम्हे घर में भी घुस आए हैं
सूखे पत्ते हवा में उड़ते देखोगे तो जानोगे

ख़्वाब दिखाती आँखें कैसे ख़ुद से बातें करती हैं
पलकों पर लिक्खी तहरीरें पढ़ लोगे तो जानोगे

आँखों के आईने धुँधले, मौसम के अन्दाज़ नए
क़िस्मत की मजबूरी जिस दिन समझोगे तो जानोगे

ख़ुश्बू की सौगात, हवाएँ कैसे बाँटा करती हैं
मुरझाए फूलों से जाकर पूछोगे तो जानोगे

दरवाज़े पर दस्तक देकर, यादें क्यों छुप जाती हैं
आहट के एहसास के सुख को समझोगे तो जानोगे

'रिंद' मिरे अश'आर के मअ'नी[3] सैलाबी[4] भी होते हैं
काग़ज़ पर लिक्खी तहरीरें पढ़ लोगे तो जानोगे

---

1. ड्योढ़ी / चौखट / द्वार 2. मज़ा / सुख / आनंद 3. मायने / अर्थ 4. सैलाब की तरह / बाढ़ के जैसा

सौंधी-सौंधी सी वो महकारें[1] कहाँ से लाएँगे
अब गए मौसम की बौछारें कहाँ से लाएँगे

अब करेगा कौन, घर आँगन में हदबन्दी[2] की ज़िद
गिर चुकी हैं घर की दीवारें, कहाँ से लाएँगे

रेशमी आवाज़ के रिश्ते तो हिजरत[3] कर गए
अब गए लम्हों की झनकारें कहाँ से लाएँगे

जिन का इक-इक लफ़्ज़[4], इक-इक फ़ैसला क़ानून था
अब क़बीले[5] में वो सरकारें कहाँ से लाएँगे

रात को लश्कर[6] में था ऐ **'रिंद'** तन्हाई का शोर
जुगनुओं की दिन में यलग़ारें[7] कहाँ से लाएँगे

---

1. महक / ख़ुश्बू / सुगन्ध 2. सीमांकन 3. पलायन 4. शब्द 5. एक ही वंश के लोगों का समूह 6. फ़ौज 7. हमला / धावा

चलन में सौदा उधार का था
मगर मैं अपनों में बिक रहा था

ये ख़ुश्क[1] पत्ते कहाँ से आए
अभी तो मौसम बहार का था

किवाड़ शब[2] के खुले हुए थे
मगर अँधेरा भटक रहा था

वही शजर[3] था, वही परिन्दे
जो मस'अला[4] था, उड़ान का था

वो जिसको पढ़कर उदास हो तुम
वरक़[5] वो मेरी किताब का था

घने अँधेरे में **'रिंद'** छुपकर
लिबास[5] मौसम बदल रहा था

---

1. सूखे 2. रात 3. पेड़ 4. समस्या 5. पृष्ठ 6. कपड़े

ख़त्म होने को सफ़र[1] आता नहीं
थक गया हूँ और घर आता नहीं

मैंने झुँझलाकर ये आख़िर कह दिया
मुझ को शर्तों पर सफ़र आता नहीं

ग़म की किंदीलें[2] जलाकर देख लीं
दर्द का चेहरा नज़र आता नहीं

सोचता रहता हूँ मैं ये फ़लसफ़ा[3]
क्यों ये रस्ता लौटकर आता नहीं

मेरी बस्ती को अचानक क्या हुआ
धुन्ध में कुछ भी नज़र आता नहीं

'रिंद' को चेहरों पे चेहरा ओढ़ कर
मुस्कुराने का हुनर आता नहीं

1. यात्रा 2. पात्र विशेष जिसमें दीपक जलाया जाता है / लालटेन 3. दर्शन

मिरी आँखों ने कैसा शह्र देखा
खण्डर होता पुराना शह्र देखा

धुएँ का सिलसिला चारों तरफ़ था
हवा सनकी तो जलता शह्र देखा

हसीं[1] लम्हों की क़िंदीलें[2] बुझा कर
अँधेरे में भी नंगा शह्र देखा

इसे ख़्वाबों की हरयाली समझिए
भरी बरसात, सूखा शह्र देखा

धड़कती, मलगिजी,[3] बेचैनियों ने
भरा बाज़ार, तन्हा शह्र देखा

अजब[4] लम्हे अँधेरी रात के थे
कि जिन में **'रिंद'** पलता शह्र देखा

---

1. हसीन / सुन्दर 2. लालटेन 3. मिट्टी के रंग जैसी / मटियाली 4. अजीब / अनोखे

इक नई वारदात हो गई है
ग़म की मौसम से बात हो गई है

लोग अगने घरों को जा भी चुके
हम कहाँ जाएं रात हो गई है

छत पे तन्हाइयों का है पहरा
कितनी महफ़ूज़[1] रात हो गई है

लफ़्ज़[2] बैसाखियों पे चलते हैं
फ़िक्र[3] आला-सिफ़ात[4] हो गई है

रोशनी चाटती है अपने ज़ख़्म[5]
क्या अँधेरों को मात हो गई है

'रिंद' तेज़ाबियत[6] ज़माने की
अब हमारी हयात[7] हो गई है

---

1. सुरक्षित 2. शब्द 3. चिन्तन 4. उत्कृष्ट ख़ूबियों वाली / वाला 5. घाव 6. तेज़ाब अथवा अम्ल के प्रभाव की अवस्था 7. ज़िन्दगी / जीवन

ख़ुश्क मौसम की वो काली आंधियाँ कम हो गई हैं
फल लदे पेड़ों की बोझल डालियाँ कम हो गई हैं

साज़िशी[1] लम्हों[2] ने वो तेज़ाब फेंका था बदन पर
ज़ख़्म[3] भी भरते कहाँ तक पट्टियाँ कम हो गई हैं

आँख की दहलीज़[4] पर ठहरे हैं कुछ पतझड़ के लम्हे
ख़ुश्क[5] मौसम हो गया तो तितलियाँ कम हो गई हैं

सूनी-सूनी लग रही है आज मौसम की कलाई
बादलों के साथ बजती चूड़ियाँ कम हो गई हैं

ग़म का सूरज बादलों में सर छुपाए फिर रहा है
धूप के लश्कर[6] की भी सरकोबियाँ[7] कम हो गई हैं

'रिंद' अब सुनसान घर में, कोई आहट भी नहीं है
रात की बारात की शहनाइयाँ कम हो गई हैं

---

1. षड्यन्त्र करने वाले 2. पलों 3. घाव 4. ड्योढ़ी / चौखट 5. सूखा / शुष्क 6. फ़ौज 7. सर कुचलना / दमन करना

अल्फ़ाज़[1] का हुनर जो बदलना पड़ा मुझे
ख़ून-ए-जिगर[2] ग़ज़ल में उगलना पड़ा मुझे

मेरे परों का रंग तो मौसम का अक्स[3] था
जब रुत बदल गई तो बदलना पड़ा मुझे

ये रेशमी हवाओं की मजबूरियाँ ही थीं
बैसाखियों को फेंक के चलना पड़ा मुझे

अपनी हवेलियों का मुक़द्दर[4] सँवारने
बनबास[5] के लिए भी निकलना पड़ा मुझे

उसकी अदाएँ,[6] उसकी अना,[7] उसका बाँकपन[8]
उसका मिज़ाज[9] देखके चलना पड़ा मुझे

सूरज की तेज़ धूप का एहसास था कि **'रिंद'**
मजबूरियों में घर से निकलना पड़ा मुझे

---

1. लफ़्ज़ / शब्द का बहुवचन 2. जिगर का ख़ुन 3. परछाईं 4. भाग्य 5. जंगल में वास /वनवास 6. हाव-भाव / ढंग 7. स्वाभिमान / गर्व 8. अलबेलापन 9.स्वभाव / प्रवृत्ति

रास्ता जब कभी सूरज ने बदलना चाहा
मुझसे आगे मिरे साए ने निकलना चाहा

रात फिर ख़्वाब के दरबार में ले जाने को
मेरी बैसाखियों ने साथ में चलना चाहा

पहले माहौल[1] की मैली सी घुटन राख हुई
और फिर घर के भी शोलों[2] ने पिघलना चाहा

सुर्ख़[3] सूरज ने समेटी जो सुनहरी चादर
डूबते सायों ने मंज़र[4] को बदलना चाहा

फूल-रुत आई तो चिड़ियों ने अमां[5] पाई है
ख़ुश्क से पेड़ ने भी फूलना-फलना चाहा

दस्तकें देके जो ठहरा रहा दरवाज़े पर
'रिंद' ने उसके ही हमराह[6] निकलना चाहा

---

1. वातावरण 2. अंगारों 3. लाल 4. दृश्य 5. अमान का संक्षिप्त / पनाह 6. साथ / संग

लड़कपन और जवानी के वो मंज़र[1] बेच आए हैं
हम अपने शह्र में अजदाद[2] का घर बेच आए हैं

हम अपनी आरज़ूओं[3] को सुलाकर बेच आए हैं
वो नींदें बेच आए हैं, वो बिस्तर बेच आए हैं

बुज़ुर्गों[4] के क़दम[5] जो चूमता आया था सदियों से
हम अपने घर की चौखट का वो पत्थर बेच आए हैं

हमारे क़द की क्या क़ीमत लगाता कोई बस्ती में
हम अपने क़द को परछाईं बना कर बेच आए हैं

सुकून[6]-ओ-सब्र[7]-ओ-इतमीनान[8], तहज़ीब[9] ओ-वफ़ादारी
हमारे पास थे जितने भी ज़ेवर बेच आए हैं

मुहब्बत लेके पहुँचे थे अदावत[10] लेके लौटे हैं
मकां[11] अपना नहीं बेचा मुक़द्दर[12] बेच आए हैं

ये माना '**रिंद**' गिनती की ही कुछ साँसें मिलीं लेकिन
हयात[13] ऐसी गुज़ारी मौत का डर बेच आए हैं

---

1. दृश्य 2. पुरखों / पूर्वजों 3. इच्छाओं/ अभिलाषाओं 4. बड़े-बूढ़ों 5. पाँव / पैर / पग 6. चैन 7. सन्तोष 8 सन्तुष्टि 9. संस्कृति 10. दुश्मनी 11. मकान 12. भाग्य 13. ज़िन्दगी / जीवन

बे-छत[1] बे-दर[2] होते हैं
ऐसे भी घर होते हैं

उड़ जाती हैं लम्हों[3] में
सदियों[4] के पर होते हैं

अक्सर[5] धूप के लम्हे भी
छाँव से बढ़ कर होते हैं

मोम तो फिर भी मोम सा है
पत्थर, पत्थर होते हैं

शेर मिरे अक्सर ऐ **'रिंद'**
सोच समझ कर होते हैं

---

1. बिना छत के 2. बिना द्वार के 3. पलों / क्षणों 4. शताब्दियों 5. प्राय:

न अपने शह्र से चलकर, न अपने घर से आ
तअल्लुक़ात[1] के उजड़े हुए खण्डर से आ

अभी तो शाम के ढलने में देर बाक़ी है
खिली हुई है अगर धूप, दोपहर से आ

हमारे वह्म-ओ-गुमाँ[2] को ज़रा दिलासा[3] दे
तू कोई साया नहीं है तो बाम-ओ-दर[4] से आ

थकन को ओढ़के, कुछ देर चैन से सो लें
मिरे रफ़ीक़[5] ज़रा लौट कर सफ़र से आ

भटक रहा हूँ मैं बेसम्तियों[6] के जंगल में
क़ुतुब-सितारा[7] दिखा, आसमान पर से आ

ये '**रिंद**' कब से तिरा इन्तिज़ार करता है
कोई बहाना बना, सूरत-ए-दिगर[8] से आ

---

1. सम्बन्ध 2. कल्पना / परिकल्पना 3. ढाढस / सांत्वना देना 4. छत और दरवाज़ा 5. साथी / सहायक 6. दिशाहीनता 7. ध्रुव तारा 8. किसी और तरह / किसी अन्य रूप से

शह्र ख़ामोश, रास्ते ख़ामोश
रात जागी तो सब हुए ख़ामोश

रात दिल में उथल-पुथल थी बहुत
सुब्ह होते ही ज़लज़ले ख़ामोश

गुफ़्तगू भी करें तो किस से करें
घर के हैं सारे आईने ख़ामोश

ख़्वाब मंज़िल के आँख से ओझल
थक के बैठे हैं फ़ासले[1] ख़ामोश

ज़िन्दगी की हसीन उलझन में
जाने कितने हैं मस'अले[2] ख़ामोश

---

1. दूरियाँ 2. समस्याएँ

दस्तक थी ज़ंजीरों की
दर पर गुज़रे लम्हों की

अब कोई पहचान नहीं
घर पर बूढ़े लोगों की

घर से बाहर मत निकलो
बारिश है अन्देशों[1] की

हम ने ऊँची रक्खी है
सर पर पगड़ी पुरखों की

तहज़ीबें[2] परवान चढ़ीं
निगरानी[3] में बूढ़ों की

थक कर बैठ गई ऐ '**रिंद**'
साज़िश[4] ज़ख़्मी लम्हों की

---

1. आशंकाओं 2. सभ्यताएँ 3. देख-रेख 4. षड्यंत्र

जाने क्या-क्या मिरी अना[1] चाहे
मुफ़लिसी में भी फ़ासला चाहे

ज़िन्दगी और मुझसे क्या चाहे
आग, पानी, खुली हवा चाहे

ग़म की बैसाखियों पे सन्नाटा
अपनी शर्तों पे दौड़ना चाहे

रास्ते, पाँव, ज़िन्दगी, मंज़िल
हर कोई साथ घूमना चाहे

गुमशुदा[2] आहटों के बदले में
दर्द अपना अलग मज़ा चाहे

'रिंद' कड़वे धुएँ का साया भी
मोम का हाल पूछना चाहे

---

1. स्वाभिमान 2. खोई हुई

कोई पैग़ाम[1] लिख दिया जाए
रेत पर नाम लिख दिया जाए

हर तरफ़ रात का है सन्नाटा
आओ कोहराम लिख दिया जाए

सोचता हूँ कि आज कोई ख़त
उसके ही नाम लिख दिया जाए

बात करने से बात बनती है
ये सर-ए-आम लिख दिया जाए

हुक्म है रात, दोपहर कहलाए
सुब्ह[2] को शाम लिख दिया जाए

साँस रुक जाए, धड़कनें थम जाए
'**रिंद**' आराम लिख दिया जाए

---

1. सन्देश 2. सुबह

बर्फ़-लम्हे[1] निगल गया इक ख़त
अश्क[2] टपके तो जल गया इक ख़त

रात जिसको लहू[3] से लिक्खा था
सादा काग़ज़ निकल गया इक ख़त

शायरी की किताब में छुपकर
कितने मौसम बदल गया इक ख़त

उखड़ी-उखड़ी सी कुछ इबारत[4] की
रोशनाई निगल गया इक ख़त

जाने क्या लिख दिया जुनूँ[5] ने मिरे
मोम बनकर पिघल गया इक ख़त

बाल चाँदी के हो गए हैं **'रिंद'**
शक्ल[6] मेरी बदल गया इक ख़त

---

1. बर्फ़ जैसे पल / बर्फ़ के पल / बर्फ़ीले पल 2. आँसू 3. ख़ून / रक्त 4. लिखावट / लेख / तहरीर 5. दीवानगी / पागलपन 6. चेहरा / सूरत

कोई भी लाचार नहीं
ज़हनों पर भी बार नहीं

घर की आहट ज़ख़्मी है
सन्नाटा हुशियार नहीं

सूरज सर से ग़ायब है
रातों से इंकार नहीं

अफ़वाहें तो गश्त पे हैं
हाथों में अख़बार नहीं

मुट्ठी भर है सन्नाटा
शोर से भी इंकार नहीं

लज़्ज़त[1]-भर है तन्हाई
चाँद भी पहरेदार नहीं

'रिंद' सवेरा होने के
अब कोई आसार[2] नहीं

1. आनंद 2. लक्षण / संकेत

हमसफ़र[1] जो रहा है सन्नाटा
दास्ताँ हो रहा है सन्नाटा

कोई दस्तक न कोई आहट है
चैन से सो रहा है सन्नाटा

शोर की बढ़ रही हैं आवाज़ें
सल्तनत[2] खो रहा है सन्नाटा

दूधिया चाँदनी को ओढ़े हुए
बेख़बर सो रहा है सन्नाटा

क़त्ल करके तमाम आवाज़ें
आस्तीं[3] धो रहा है सन्नाटा

आबरू[4] लूट कर सदाओं[5] की
'रिंद' अब रो रहा है सन्नाटा

---

1. सहयात्री 2. विरासत / साम्राज्य / अधिकार क्षेत्र 3. आस्तीन 4. इज़्ज़त 5. सदा / आवाज़ का बहुवचन

गाँव का बाँकपन[1] जला डाला
शह्र में आके तन जला डाला

जिस्म जलना था एक दिन सो जला
रूह[2] का भी कफ़न जला डाला

कुछ बहारों ने आसरा[3] देकर
ख़ुश्बुओं से चमन जला डाला

धूप का तो महज़[4] बहाना था
चाँदनी ने बदन जला डाला

अब पुराना चलन कहाँ है **'रिंद'**
हमने ख़ुद वो चलन जला डाला

---

1. अलबेलापन 2. आत्मा 3. सहारा / आधार / शरण 4. सिर्फ़ / मात्र / केवल

पेड़ आँगन का सूख जाने से
कुछ परिन्दे गए ठिकाने से

ख़्वाब तकिए में भरके सोए थे
मौत क्यूँ ले गई सिरहाने[1] से

फ़िक्र[2] बेसम्तियों[3] में उड़ने लगी
रात की शाख़[4] टूट जाने से

सर्द[5] लम्हों[5] की लाश जल न सकी
ख़ुश्क[7] तन्हाइयाँ जलाने से

याद ग़ालिब[8] की आ गई यारो!
रात भर नींद के न आने से

'रिंद' कुछ हादसे भी याद आए
दोस्तों के क़रीब आने से

---

1. चारपाई पर सिर की ओर का भाग 2. चिन्ता 3. दिशाहीनता 4. डाली 5. शीत 6. क्षणों 7. सूखी / सूखे 8 मिर्ज़ा ग़ालिब (जिनके एक शेर की पंक्ति है : नींद क्यों रात भर नहीं आती)

वहम[1] है न आहट है
दिल में गुदगुदाहट है

ख़ुद से लड़ रहा हूँ मैं
कितनी बौखलाहट है

ख़ुद को बेच दूँ कैसे
भाव में गिरावट है

धड़कनों ने दस्तक दी
ज़िन्दगी की आहट है

मक़बरों[2] का सन्नाटा
रात की सजावट है

'रिंद' मेरे चेहरे पर
रूह की थकावट है

---

1. भ्रम/गुमान 2. मक़बरे का बहुवचन अर्थात क़ब्रों / क़ब्र के ऊपर बना भवन

किसने दस्तक रख दी है दरवाज़े पर
चीख़ रहा है सन्नाटा अँधियारे पर

तन्हाई में रात अजब[1] मंज़र[2] देखा
सन्नाटे की बर्फ़ जमी थी रस्ते पर

पढ़ने वाले पढ़ लेंगे ये तहरीरें[3]
दीमक ने क्या-क्या लिक्खा दरवाज़े पर

आँखों की बीनाई[4] ने जब हिजरत[5] की
सारा मंज़र धूल भरा था रस्ते पर

नाप रही है फ़िज़ा,[6] ख़ला[7] की दूरी को
सतरंगी सी धनक उठाके काँधे पर

इक ताज़ा सी कसक[8] लिए फिरता है **'रिंद'**
बासी रुत का बोझ भी है इस सीने पर

---

1. अजीब / अनोखा / विचित्र 2 दृश्य 3. लिखी हुई बात / लेख / इबारत 4. दृष्टि 5. पलायन 6. हवा / मौसम / वातावरण 7. अन्तरिक्ष 8.हलका मीठा दर्द / चुभन / स्मरण से होने वाली पीड़ा

लोग ग़म की भीड़ में गुमनाम से ज़िन्दा रहे
हम फ़सील-ए-जिस्म[1] में आराम से ज़िन्दा रहे

सारे रिश्ते, सारे नाते, सारे बन्धन तोड़ कर
हम यतीमों[2] की तरह बेनाम से ज़िन्दा रहे

घर के मलबे में दबा था ज़िन्दगी का इज़्तिराब[3]
कुछ खण्डर ऐसे थे जो कोहराम से ज़िन्दा रहे

घर की इस दीमक-ज़दा[4] तख़्ती पे किसने लिख दिया
इस मकां[5] के सब मकीं[6] बेनाम से ज़िन्दा रहे

मुद्दतों पहले तमन्नाएँ तो हिजरत[7] कर गईं
हम महाजिर[8] नामा-ओ-पैग़ाम[8] से ज़िन्दा रहे

'रिंद' हम बोते रहे अश'आर में अपना लहू
और किताबों में बस अपने नाम से ज़िन्दा रहे

---

1. देह की दीवार 2. अनाथों 3. बेचैनी / व्याकुलता 4. दीमक लगी 5. मकान 6. मकान में रहने वाले / निवासी 7. पलायन 8. पलायन कर्ता 9. चिट्ठी एवं सन्देश

क़ाफ़िले[1] में चर्चा है, ये सफ़र के सौदागर
मंज़िलों को बेचेंगे रहगुज़र[2] के सौदागर

बोलियाँ लगाएँगे ताज़ा-ताज़ा फ़ितनों[3] की
आज फिर इकट्ठे हैं शहर भर के सौदागर

अपने घर के आँगन का पेड़ बेच डालेंगे
अच्छे दाम लगते ही ये शजर[4] के सौदागर

आरती के दीपक से ख़ुद को ही जला लेंगे
शोहरतों की चाहत में ये ख़बर के सौदागर

अब तो सिर्फ़ बाक़ी है, इक पिघलता सन्नाटा
रौनकें तो बेच आए बाम-ओ-दर[5] के सौदागर

'रिंद' अब बचाओ तुम अपनी आँख का काजल
अपने फ़न[6] में यकता[7] है ये हुनर का सौदागर

---

1. मुसाफ़िरों का समूह 2. रास्ता मार्ग / पथ 3. दंगा / फ़साद / उत्पात / उपद्रव / अशान्ति 4. पेड़ / वृक्ष 5. छत एवं द्वार (लक्षिणक: मकान) 6. कला / हुनर 7. अनुपम/अद्वितीय

कोशिशें करता हूँ लेकिन तीरगी[1] जलती नहीं है
अब दिए के साथ घर की रोशनी जलती नहीं है

जुगनुओं के साथ बेवा[2] रात के सुनसान घर में
चाँद तो जलता है लेकिन चाँदनी जलती नहीं है

झिलमिलाती ख़्वाहिशें हैं, ये सुलगते रतजगे की
आँख जलती है मगर उसकी नमी जलती नहीं है

जल रही है रात, जो मैंने चिराग़ों में रखी थी
साज़िशी[3] लम्हों की लेकिन बेरुख़ी जलती नहीं है

शम्अ[4] हो, दिल हो, कि तन्हाई हो, या कोई भी शय[5] हो
जिसको फ़ुरसत में जलाता हूँ वही जलती नहीं है

मुद्दतों से '**रिंद**' शोलों[6] की तिजारत कर रहा हूँ
मौसमों के साथ घर की बेहिसी[7] जलती नहीं है

---

1. अँधेरा 2. विधवा 3. षड्यंत्र करने वाले 4. शमा 5. चीज़ / वस्तु 6. अंगारे 7. असंवेदनशीलता

ज़ह्र डसती फ़िज़ा चमन में थी
कितनी तेज़ाबियत[1] चलन में थी

तीरगी[2] रोशनी ख़रीदेगी
जुगनुओं की दुकान बन[3] में थी

लफ़्ज़ बैसाखियों पे चलते रहे
फ़िक्र[4] की क़द्र अंजुमन[5] में थी

तंग-दस्ती[6] तो इक बहाना था
क़र्ज़[7] की बात तो चलन में थी

'रिंद' परदेस में सताती है
धूप सुलझी हुई वतन में थी

---

1. तेज़ाब के प्रभाव की अवस्था / अम्लीयता 2. अँधेरा / अन्धकार 3. जंगल 4. चिन्तन 5. हाथ तंग होना 6. ग़रीबी / निर्धनता 7. ऋण

इस तरह रात भर बिलकते[1] क्यों
कोई होता तो हम सिसकते क्यों

धूप पी जाएगी सभी साए
जानते हम तो सर को ढकते क्यों

चाँदनी घर में गर उतर आती
कुछ दिए[2] रात भर सिसकते क्यों

धूप बीमार अगर नहीं होती
साए घुटनों के बल सरकते क्यों

'रिंद' सूरत अगर भली होती
अपना मुँह आईने में तकते[3] क्यों

---

1. बिलखते 2. दीपक 3. निरन्तर देखना

रिश्तों में हमवारी[1] रख
संजीदा[2] हुशयारी रख

ग़म से रिश्तेदारी रख
पत्थर दिल पर भारी रख

हर मौसम का लुत्फ़[3] उठा
बंजारों से यारी रख

दुनियादारी एक तरफ़
रिश्ते कारोबारी रख

सन्नाटों की महफ़िल में
आसेबों[4] से यारी रख

उम्र हुई अस्सी की '**रिंद**'
जाने की तय्यारी रख

---

1. बराबरी / समानता / एकरूपता 2. गम्भीर 3. आनन्द / मज़ा 4. भूत-प्रेत

जलते ख़्वाबों के टुकड़े आवारा थे
नासमझी के मंसूबे[1] आवारा थे

ख़ुश्बू, काँटे, आईने, आवारा थे
ख़ामोशी के भी चेहरे आवारा थे

फूल, हवा की शोख़ी,[2] बादल, अँगड़ाई
हमने जो भी लफ़्ज़[3] लिखे, आवारा थे

आहट भी क्या रूप बदलती रहती है
आस की खिड़की, दरवाज़े आवारा थे

कच्ची उम्र की चाहत भी आवारा थी
सूनी रातों के सपने आवारा थे

'**रिंद**' मुझे महसूस हुआ है अब जाकर
मुझ से ज़्यादा तो साए आवारा थे

---

1. योजनाएँ 2. चंचलता / तेज़ी 3. शब्द

भटक जाते हैं रस्ता पूछते हैं
ये किस मौसम के पहले काफ़िले[1] हैं

अँधेरे दर पे दस्तक दे रहे हैं
दिए[2] ऊँची मुँडेरों पर जले हैं

उजड़ती रात के सुनसान मंज़र
मिरी आँखों में अब तक चुभ रहे हैं

ये माना जिस्म[3] थक कर सो गया है
मगर जो ख़्वाब हैं सब जागते हैं

फ़िज़ाएँ इस लिए बोझल हैं शायद
ख़राबे[4] के मुसाफ़िर चल पड़े हैं

उतरती शाम का पिछला पहर है
जनाबे **'रिंद'** अब भी जागते हैं

---

1. यात्रियों का समूह 2. दीपक 3. शरीर / देह 4. वीराना / सुनसान / एकाकी

हर क़दम इम्तिहान था सो है
वो बहुत बदगुमान[1] था सो है

चाँदनी और धूप दोनों का
एक ही सायबान[2] था सो है

ग़म अबाबील[3] बनके उड़ते रहे
दिल का सूना मकान था सो है

चाँद लाया है दर्द की क़िन्दील[4]
नीलगूँ[5] आसमान था सो है

'रिंद' का पत्थरों की बस्ती में
काँच का एक मकान था सो है

---

1. सन्देह करने वाला 2. छत / छज्जा / छाया करने वाली वस्तु 3. एक प्रसिद्ध छोटी काली चिड़िया
4. लालटेन / प्रकाशपात्र 5. नीला

पुराने हो गए सारे हवाले
ग़ज़ल अब कौन सा पहलू निकाले

बस इस उम्मीद पर ये रतजगा है
अँधेरे की परी कब पर निकाले

मिरे घर की मुँडेरों पर थकी शब[1]
कहाँ तक ग़म के सन्नाटे सँभाले

कोई अच्छा सा इक मज़मून[2] देकर
इलाही[3] शेर की इज़्ज़त बचा ले

नया लहज़ा,[4] नया मौसम, नया लफ़्ज़[5]
पुरानी सोच का काँटा निकाले

किसी की याद जब आने लगे **'रिंद'**
तो फिर हिजरत[6] के मंसूबे[7] बना ले

---

1. रात 2. विषय 3. ख़ुदा / ईश्वर 4. शैली / अन्दाज़ 5. शब्द 6. पलायन 7. योजना

मसअला[1] जब नहीं लड़ाई क्यों
है जवानों के बीच खाई क्यों

दिन तो अपना, कभी न था, न हुआ
रात भी हो गई पराई क्यों

अजनबी सी थकन का दर्द लिए
रोशनी मेरे घर में आई क्यों

हम तो अन्जान से मुसाफ़िर थे
हम से माँगी गई सफ़ाई क्यों

नफ़रतें क़ैद हैं सलासिल[2] में
फ़िर समन्दर से है लड़ाई क्यों

जो भटकती है **'रिंद'** रुसवाई[3]
नागहां[4] मेरे घर में आई क्यों

---

1. समस्या 2. ज़ंजीर 3. बदनामी 4. अचानक/ अकस्मात

मैं सो रहा हूँ मगर मेरे ख़्वाब जागते हैं
कि जैसे भीगती शब[1] में गुलाब जागते हैं

कभी गली, तो कभी सहन[2] में कभी छत पर
हमारे साथ कई माहताब[3] जागते हैं

मिरे सवाल तो, काग़ज़ पे अब भी सोए हैं
मगर जो उसने लिखे थे जवाब जागते हैं

सितारे, चाँद, फ़िज़ा, आसमान, सोता है
मगर ये क्या है कि आली जनाब जागते हैं

सियह[4] रात मुँडेरों पे चढ़के सोई है
हमीं तो शह्र में खाना-ख़राब जागते हैं

ज़माना नश्शे में बेहोश सा पड़ा हुआ है
जनाबे '**रिंद**' तो पीकर शराब जागते हैं

---

1. रात 2. आँगन 3. महताब / चाँद 4. काली

नज़र में दूर तक साए न आए
तिलिस्मी[1] जाल फैलाए न आए

नज़र में आज के मंज़र[2] सजा लो
ज़माना लौटकर आए न आए

हवा के पाँव ज़ख़्मी हो गए हैं
वो आँधी चलके अब आए न आए

चलो अब पत्थरों की काश्त[4] कर लें
वो गुल[5]-मौसम कभी आए न आए

चले थे धूप में हम जिसकी ख़ातिर
हमारे सर पे वो साए, न आए

सुलगती रेत पर ऐ **'रिंद'** लिख दो
जो मौसम आग बरसाए न आए

---

1. जादुई 2. दृश्य 3. समय / युग 4. खेती 5. फूलों का मौसम

अभी कुछ और क्या बाक़ी है घर में
जो कुछ लोगों की दिलचस्पी है घर में

कोई ज़ीना-ब-ज़ीना[1] आ रहा है
रुपहली चाँदनी उतरी है घर में

हिक़ारत[2] से जिसे सब देखते हैं
वही किरदार[3] तो असली है घर में

अजब[4] ख़ुश्बू फ़िज़ा[5] में भर गई है
दिए[6] की लौ अगर महकी है घर में

कोई परदेस फिर जाएगा शायद
मुसलसल[7] एक बेचेनी है घर में

जनाबे **'रिंद'** ऐसे रह रहे हैं
कि जैसे कोई परदेसी है घर में

---

1. ज़ीना-दर-ज़ीना / सीढ़ी-दर-सीढ़ी 2. हेय / तुच्छ दृष्टि 3. चरित्र 4. अजीब / अनोखी 5. माहौल / वातावरण 6. दीपक 7. लगातार

ख़्वाब आँखों में भर के सोए थे
रात भर ख़ुश्बुओं से खेले थे

चैन की उम्र भर न नींद आई
सोच की सिलवटों में उलझे थे

ग़म की मिट्टी का इक घड़ा लेकर
रोज़ दरिया को पार करते थे

दर्द से रूह[1] बेक़रार रही
आग के बिस्तरों पे लेटे थे

मशआलें[2] हाथ में न थीं लेकिन
हौसले रास्ता दिखाते थे

बूढ़े मन्दिर के हर सुतून[3] पे **'रिंद'**
लोग अपना ही नाम लिखते थे

---

1. आत्मा 2. ज्योति 3. स्तम्भ

वो चाँद अपने नशेमन[1] से जब निकलता है
सियाह[2] रात के सीने में दिल दहलता है

ये ख़ुश्क[3] नीम के पत्ते जला दिए किसने
धुएँ में जिनके अँधेरा भी आँख मलता है

मैं क़तरा-क़तरा[4] लहू डालता हूँ तब जाकर
अँधेरा ताक़[5] पे रक्खे दिये में जलता है

सवेरा हो गया ये आज कैसे सड़कों पर
यहाँ तो देर से अक्सर[6] ही दिन निकलता है

जनाबे **'रिंद'** ने आतिश-फ़िशां[7] भी देखे हैं
मगर इस आग के दरिया में क्या उबलता है

---

1. घोंसला / घर 2. काली 3. सूखे 4. बूँद-बूँद 5. आला / ताखा 6. प्राय: 5. ज्वालामुखी

गोद फैलाए हुए उजला समन्दर आएगा
मेरे घर में चाँद ज़ीने[1] से उतर कर आएगा

जब कभी वीरान आँखों में वो मंज़र[2] आएगा
अधजली सी खिड़कियाँ होंगी, खुला दर[3] आएगा

ख़्वाब से मुझ को जगाकर, रात का पिछला पहर
दिल के ज़ख़्मों पर कोई फिर पाँव रख कर आएगा

जिसको अब तक लोग आवारा समझते थे वो पल
ठोकरें खाकर क़रीने[4] से मिरे घर आएगा

कह रही हैं इस सफ़र में मेरे दिल की धड़कनें
जो भी मंज़र आएगा पहले से बेहतर आएगा

देखना ऐ '**रिंद**' इस सब्र-ओ-रज़ा[5] की जंग में
मेरे बाज़ू[6] जब नहीं होंगे, मिरा सर आएगा

1. सीढ़ी 2. दृश्य 3. दरवाज़ा / द्वार 4. सलीक़ा / ढंग 5. सन्तोष 6. बाँह / हाथ

अँधेरे बन्द कमरे में पड़े थे
उजाले सैर पर निकले हुए थे

घरों में खाँसती तन्हाइयाँ थीं
ये सन्नाटे पुरानी नस्ल के थे

हवस[1] की बस्तियाँ आतिश-ज़दा[2] थीं
बड़े कड़वे कसीले वाक़िए[3] थे

जहाँ आवाज़ पर पाबन्दियाँ थीं
वहाँ गूँगों के चेहरे बोलते थे

सदाएँ[4] झींगरों की बढ़ रही थीं
अँधेरे सीढ़ियाँ चढ़ने लगे थे

सुहागन थे अभी बस्ती के मौसम
खनकती चूड़ियाँ पहने हुए थे

भटकने के लिए जब '**रिंद**' निकले
कहाँ जाना था रस्ते पूछते थे

---

1. वासना / अधिक से अधिक पाने की इच्छा, 2. आग की चपेट में 3. घटनाएँ 4. आवाज़

इक भटकती सी रुत है दर पर भी
और लावारिसी[1] है घर पर भी

सोच की खिड़कियाँ खुली रखना
काश दस्तक[2] हो दिल के दर पर भी

आने वालों का भी ख़याल रहे
और नज़र रात के सफ़र पर भी

शह्र सारा नहीं था मेले में
छुपके बैठे थे लोग घर पर भी

पाँव मेरे अगर ज़मीन पे हैं
है नया आसमान सर पर भी

'रिंद' चलते रहे हैं हम तन्हा
क़ाफ़िले[3] सो गए डगर पर भी

---

1. लावारिस होने की अवस्था 2. ध्यान 3. मुसाफ़िरों का समूह

रास्तों को उजाल[1] कर आए
ग़म का सिक्का उछाल कर आए

दर्द की सल्तनत[2] है और हम हैं
अब ख़ुशी देखभाल कर आए

आईनों के उतर गए चेहरे
आप भी क्या कमाल कर आए

चाँदनी छत पे बो गई शबनम[3]
तीरगी[4] देखभाल कर आए

इक अजब[5] हादसे को हम कल रात
इक बहाने से टाल कर आए

देखिए कब कहाँ जवाब मिले
'रिंद' हम तो सवाल कर आए

---

1. उजाला करना 2. रजवाड़ा / साम्राज्य 3. ओस 4. अँधेरा 5. अजीब / अनोखा

रतजगों का जश्न[1] अब फीका नज़र आने लगा है
शोर जो घर में था वो गूँगा नज़र आने लगा है

जब सुलगते वक़्त के कड़वे धुएँ ने रंग बदला
चाँदनी का जिस्म अब मैला नज़र आने लगा है

सैकड़ों जुगनू[2] हमारे जिस्म से लिपटे हुए हैं
एक झूठा ख़्वाब अब सच्चा नज़र आने लगा है

ख़ुश्क[3] टहनी के परिन्दे, मौसमों से पूछते हैं
ये खण्डर आबादियों का क्या नज़र आने लगा है

ये भटकने का हुनर, काम आ गया बेसमितयाँ[4] में
गुमशुदा[5] मंज़िल का अब रस्ता नज़र आने लगा है

किस लिए ऐ **'रिंद'** तुम सूरज को ढलता देखते हो
अब तो सोने का हिरन काला नज़र आने लगा है

---

1. उत्सव 2. एक मशहूर कीड़ा जो बरसात में दिखाई देता है और उसकी पूँछ समय-समय पर चमकती रहती है 3. सूखी 4. दिशा विहीनता 5. खोई हुई

धूप जंगल की दोपहर ले जाए
जो तपिश[1] है वो रहगुज़र[2] ले जाए

ख़्वाब में वरग़लाने वाला मुझे
काश इक रात चाँद पर ले जाए

शाम से इन्तिज़ार है उसका
सुब्ह[3] आते ही मुझको घर ले जाए

काश एक रोज़ मुझको चुपके से
मुझसे ही, मुझको छीनकर ले जाए

देखिए और क्या ज़माना आए
ज़िन्दगी कैसे मोड़ पर ले जाए

बो रहा हूँ पुरानी यादों को
कोई ये फ़स्ल[4] काट कर ले जाए

एक भटकती सी राह[5] है ऐ '**रिंद**'
देखिए अब किधर-किधर ले जाए

---

1. तपन / ताप 2. रास्ता / मार्ग 3. सुबह / प्रातः 4. फ़सल / उपज / पैदावार 5. रास्ता

हुआ नहीं है कोई करिश्मा[1] मुद्दत[2] से
बन्द पड़ा है दिल का दरिया मुद्दत से

मैंने इस घर के गूँगे दरवेशों[3] से
कर रक्खा है इक समझौता मुद्दत से

कोई सुलगता लफ़्ज़[4] ही आकर छेड़ेगा
सुना नहीं है कोई लतीफ़ा[5] मुद्दत से

इक लम्हा, कोहराम[6] मचाकर चला गया
डरा हुआ है शह्र हमारा मुद्दत से

सोच की जो बैसाखी लेकर आया था
ढूँड रहा हूँ '**रिंद**' वो लम्हा मुद्दत से

---

1. चमत्कार / जादू / अनोखी बात 2. देर / दीर्घकाल / अवधि 3. ईश्वर का ध्यान करने वाले / संन्यासी / साधू 4. शब्द 5. चुटकुला 6. हंगामा / कोलाहल / विलाप

दिल दीवाना[1] जंगल-जंगल गुज़रा है
जैसे मौसम बादल-बादल गुज़रा है

हब्स[2] में डूबे, लम्हों[3] ने अँगड़ाई ली
कोई तूफ़ां[4] आँचल-आँचल गुज़रा है

धानी चूड़ी पहन के जब, पौधे नाचे
ख़ून का मौसम कोंपल-कोंपल गुज़रा है

चाँद बसेरे पर है जुगनू साथ में हैं
इक हंगामा दलदल-दलदल गुज़रा है

सहमा-सहमा, साहिल[5] भी है, कश्ती भी
रात का तूफ़ां पागल-पागल गुज़रा है

हम उन पर इल्ज़ाम-तराशी[6] क्या करते
जो भी पल था घायल-घायल गुज़रा है

एक अजब[7] सी ख़्वाहिश लेकर '**रिंद**' के साथ
फ़रज़ाना[8] भी बेकल-बेकल[9] गुज़रा है

1. विरक्त / त्यागी पुरुष / महात्मा / पागल / बावला 2. घुटन / उमस 3. पलों / क्षणों 4. तूफ़ान 5. किनारा / तट 6. आरोप लगाना 7. अजीब / अनूठी 8. बुद्धिमान / विद्वान 9. बेचैन /अशान्त

वो फ़ितना[1] जब तलक आया नहीं था
घरों में इतना वावेला[2] नहीं था

अजब[3] सी आग सीने में लगी थी
बदन पर कोई भी छाला नहीं था

फ़िज़ा[3] कड़वी कसीली चार-सू[5] थी
धुएँ का ज़ायक़ा बदला नहीं था

बदन तन्हा था सिलवट चुभ रही थी
मगर बिस्तर तो पथरीला नहीं था

वो जो तन्हाइयों की भीड़ में था
वो तन्हा रहके भी तन्हा नहीं था

अजब शमशान था ऐ **'रिंद'** घर में
जलाने से भी जो जलता नहीं था

---

1. बुराई 2. हंगामा / उपद्रव 3. अजीब / अनोखी / अनूठी 4. माहौल / वातावरण
5. चारों ओर / चहुंओर

ये उजली चाँदनी हँसती बहुत है
अँधेरे से मगर डरती बहुत है

इरादा था, ख़रीदारी का लेकिन
मुहब्बत आजकल महँगी बहुत है

छतों से धूप उतरी है गली में
फ़िज़ा[1] में आज तब्दीली बहुत है

महकते ज़ख़्म थे रुसवाइयों[2] के
ये ख़ुश्बू जानी पहचानी बहुत है

न जाने क्या हुआ है जुगनुओं[3] को
कि उनकी रोशनी धीमी बहुत है

बहुत दूरी, कोई दूरी नहीं है
ये दुनिया '**रिंद**' अब छोटी बहुत है

---

1. माहौल / वातावरण 2. बदनामियों 3. एक कीड़ा जिसकी पूँछ समय-समय पर चमकती (टिमटिमाती) रहती है

फ़िक्र[1] कम, बयान[2] कम
रह गई ज़बान[3] कम

धूप में ढलान कम
रोशनी में जान कम

ख़ामुशी[4] ही ख़ामुशी
मुर्ग़ की अज़ान[5] कम

जिस्म में तनाव है
हड्डियों में जान कम

बारिशों की इन्तिहा[6]
सर पे आसमान कम

'रिंद' अब सुकून[7] है
है अज़ाब-ए-जान कम

---

1. चिन्तन / सोच-विचार / ध्यान 2. अभिव्यक्ति / उल्लेख / वर्णन 3. जीभ / जिह्वा / वाणी
4. ख़ामोशी 5. बांग 6. अति / चरम / पराकाष्ठा 7. आराम / सुख-शान्ति

सामने आज का अख़बार[1] न आ जाए कहीं
सुर्ख़ियों[2] में कोई किरदार[3] न आ जाए कहीं

बुझते लम्हों[4] का कफ़न ओढ़ रहा है सूरज
शाम की ज़द[5] में शफ़क़-ज़ार[6] न आ जाए कहीं

फ़िक्र[7] करने पे झिझकते हैं ग़ज़ल के अल्फ़ाज़[8]
कोई ग़ालिब[9] का तरफ़दार[10] न आ जाए कहीं

मेरी बोसीदा[11] सी पहचान का शजरा[12] लेकर
मेरा माज़ी,[13] मिरी दस्तार[14] न आ जाए कहीं

कोई मज़मून[15] नया लिक्खूँ तो कैसे लिक्खूँ
ज़िक्र[16] में वक़्त[17] का किरदार न आ जाए कहीं

चीख़ के दायरे ऐ **'रिंद'** घुटन में गुम हैं
फिर बग़ावत पे दिल-ए-ज़ार न आ जाए कहीं

---

1. समाचार पत्र 2. ख़बर / समाचार / शीर्षक 3. चरित्र 4. पलों / क्षणों 5. निशाने पर 6. सूर्य की लालिमा का स्थान 7. चिन्तन 8. लफ़्ज़ /शब्द का (बहुवचन) 9. शायर मिर्ज़ा ग़ालिब 10. पक्षधर / तरफ़दारी करने वाला 11 पुराना /जर्जर 12. वंशावली 13. अतीत 14. पगड़ी 15. लेख 16. वर्णन 17. समय

साज़िश-ए-आस्मां[1] पसन्द नहीं
हमको कड़वा धुआँ पसन्द नहीं

अन्धी गलियों में रोशनी भर दो
दिन में तारीकियाँ[2] पसन्द नहीं

आग मेरी चिता की तेज़ करो
मुझको चिंगारियाँ पसन्द नहीं

मसअला[3] ज़िन्दगी का जब तय है
चशमक-ए-जिस्म-ओ-जां[4] पसन्द नहीं

वो जो सदियों से क़ैद है मुझमें
उसको बेचैनियाँ पसन्द नहीं

मालिक-ए-बहर-ओ-बर[5] को भी ऐ '**रिंद**'
ग़ीबत-ए-दुश्मनां[6] पसन्द नहीं

---

1. आकाश का कुचक्र / षड्यन्त्र 2. अँधेरे 3. समस्या 4. शरीर और जान अथवा देह तथा आत्मा का मनमुटाव / वैमनस्य 5. समुन्द्र और धरती अर्थात पूरे संसार का मालिक / स्वामी 6. पीठ पीछे की दुश्मनी / बुराई

साज़िशें[1] ताज़ा सराबों[2] की गिनाए न बने
सामने रेत का दरिया है बताए न बने

आँख तो आँख है बाज़ार में सब देखती है
अपनी क़ीमत जो लगाऊँ तो लगाए न बने

अब तो दो चार क़दम का भी सफ़र मुश्किल है
बोझा काँधों पे है इतना कि उठाए न बने

जब भी बाँटा है नई नस्ल ने छतनार[3] दरख़्त[4]
पेड़ आँगन में कोई और लगाए न बने

वो जो गूँगे से सवालात[5] लिए फिरता है
शख़्सियत[6] उसकी है ऐसी कि बताए न बने

रतजगे **'रिंद'** जहाँ कर्ब[7] का ईंधन बन जाएं
हमसे तन्हाई का शमशान जलाए न बने

---

1. कुचक्र / षड्यन्त्र 2. मृगतृष्णा / मरीचिका (बहुवचन) 3. घना 4. पेड़ / वृक्ष 5. सवाल / प्रश्न का बहुवचन 6. व्यक्तित्व 7. पीड़ा / शारिरिक और मानसिक दुख

बुत[1] इक आलीशान[2] बनाया है हमने
पत्थर को भगवान बनाया है हमने

नीली आँखों की हैरत ज़हरीली है
जिसको इक पहचान बनाया है हमने

धुले-धुले तेज़ाबी[3] मंज़र[4] हब्स[5] के थे
जिनको अब तूफ़ान बनाया है हमने

रची-बसी सी ख़ुशबू अब तक ज़हन[6] में है
यादों को गुलदान बनाया है हमने

वो जो घरोंदा सोच का था, रेतीला था
फ़िक्र को रेगिस्तान बनाया है हमने

वक़्त को हमने खूँटी पर टाँगा है **'रिंद'**
लम्हों[7] को सुल्तान[8] बनाया है हमने

---

1. मूर्ति 2. भव्य 3. तेज़ाब / अम्ल से बना हुआ 4. दृश्य 5. घुटन 6. दिमाग़ / मस्तिष्क / मन / स्मरण / याददाश्त / चिन्तन / सोच 7. पलों / क्षणों 8.राजा / सम्राट

तन्हा था मैं तो शोर-शराबा बहुत हुआ
अश्कों[1] के इश्तिहार[2] पे चर्चा बहुत हुआ

वो शख़्स जिसको ताज़ा सफ़र का जुनून था
बस्ती से अपनी गुज़रा तो रुसवा[3] बहुत हुआ

जब आस्मां पे सुरमई तेज़ाबियत[4] बढ़ी
हैरत-ज़दा[5] सी शाम को सदमा[6] बहुत हुआ

घर की ज़रूरियात[7] के जब दायरे बढ़े
मासूम ख़्वाहिशों[8] का तक़ाज़ा बहुत हुआ

आँगन को तेज़ धूप के साए निगल गए
हिस्से बटे तो सह्न[9] भी छोटा बहुत हुआ

'ग़ालिब[10] के काम पर नई तहक़ीक़[11] अब कहाँ
ग़ालिब-सदी[12] थी इसलिए चर्चा बहुत हुआ

शीशे का इक मकान बनाया था हमने **'रिंद'**
पत्थर चले तो शह्र में मलबा बहुत हुआ

---

1. आँसुओं 2. विज्ञापन / प्रचार 3. बदनाम 4. तेज़ाब का प्रभाव / अम्लता की अवस्था / अम्लीयता 5. चकित 6. मानसिक आघात 7. ज़रूरत का बहुवचन / ज़रूरतें / आवश्यकताएँ 8. इच्छाओं 9. आँगन 10. उर्दू शायर मिर्ज़ा ग़ालिब 11. अनुसन्धान 12. गालिब शताब्दी

अँधेरे ढूंडने निकला खण्डर क्यों
ख़ुदा जाने हुए ये दर-बदर[1] क्यों

ये बू[2] उजड़े हुए बाज़ार की है
मिरी बस्ती हुई ना-मोअतबर[3] क्यों

अगर अहसास ही हैरत-ज़दा[4] है
तो काँधे पर लिए फिरते हो सर क्यों

मिज़ाज-ए-शह्र[5] में तब्दीलियाँ[6] हैं
मेरे तेवर बदलते देखकर क्यों

जहाँ पत्थर तराशे जा रहे हों
वहाँ ख़ैमा[7] लगाए शीशागर[8] क्यों

ख़ला[9] से देखना है **'रिंद'** दुनिया
तो फिर ठहरूँ पुराने चाँद पर क्यों

---

1. एक द्वार से दूसरे द्वार / इधर-उधर या दर-दर भटकना / ठोकरें खाना 2. बास / गन्ध 3. जिसका विश्वास न हो / अविश्वासी 4. चकित / भौचक्का 5. शहर का स्वभाव 6. परिवर्तन 7. तम्बू 8. काँच का सामान बनाने / बेचने वाला 9. अन्तरिक्ष

ममता भरी निगाह[1] ने रोका तो डर लगा
जब भी शिकार ज़ीन[2] से बाँधा तो डर लगा

तन्हा फ़सील-ए-शह्र[3] पे बैठी हुई थी शाम
जब धुँदलकों ने शोर मचाया तो डर लगा

अपने सरों पे पगड़ियाँ बाँधे हुए थे लफ़्ज़[4]
मज़मून[5] जब कभी नया बाँधा तो डर लगा

आसूदगी[6] ने थपकियाँ देकर सुला दिया
घर की ज़रूरतों ने जगाया तो डर लगा

बुझते हुए अलाव में आतिश फ़िशां[7] भी थे
कोहराम[8] रतजगों ने मचाया तो डर लगा

ऐ **'रिंद'** उलझनों में रही बेकरां सी सोच
फ़िक्र-ए-सुख़न[9] में दर्द जो उभरा तो डर लगा

---

1. नज़र / दृष्टि 2. घोड़े की पीठ पर रखी जाने वाली चमड़े की गद्दी 3. शहर की दीवार / प्राचीर 4. शब्द 5. विषय / विषय-वस्तु 6. आराम / सुख / शान्ति / समृद्धि 7. ज्वालामुखी 8. हंगामा / कोलाहल 9. शायरी के लिए सोचना या ध्यान लगाना

ताज़ा-दम[1] मसअले[2] भी रखना है
और फिर हाशिये[3] भी रखना है

साँप भी है यहाँ सँपोले[4] भी
घर में अब अज़दहे[5] भी रखना है

सारी बस्ती में उग गए बाज़ार
शह्र[5] में मक़बरे[6] भी रखना है

भीड़ में हब्स[7] बढ़ न जाए कहीं
रास्ते कुछ खुले भी रखना है

दुश्मनों का ये दिलरुबा[8] अन्दाज़[9]
दोस्तों के लिए भी रखना है

'रिंद' इस शह्रे-बे-चिरागां[10] में
कुछ लहू के दिये भी रखना है

---

1. जिसे थकन या कसल न हो 2. समस्याएँ 3. कोर भाग / फुटनोट 4. एक प्रकार का साँप 5. ख़ज़ाने का साँप 6. क़ब्र (बहुवचन) / क़ब्रों के ऊपर बना भवन 7. घुटन 8. दिल लुभाने वाला 9. ढंग / हाव-भाव 10. शहर जिसमें रोशनी न हो / ग़ैर आबाद / उजड़ा हुआ नगर

रात के गुम्बद[1] में यादों का बसेरा हो गया है
चाँद की क़िंदील[2] जलते ही उजाला हो गया है

ख़ामुशी[3] की आँधियाँ बाग़ी[4] नज़र आती हैं मुझको
रात काली है तो सन्नाटा भी काला हो गया है

अब मुहब्बत है, मुरव्वत[5] है, न अब वो इन्किसार[6]
आज के इस दौर में हर शख़्स[7] नंगा हो गया है

अब तो बस तेज़ाबियत[8] का ज़ायक़ा[9] चखना है बाक़ी
ज़ह्र मेरे जिस्म का काफ़ी पुराना हो गया है

ज़ह्र-आलूदा[10] हवाएँ रेंगती फिरती हो हरसू[11]
मेरे घर का रास्ता भी सांप जैसा हो गया है

रास क्यों आने लगी है नीम के फूलों की ख़ुश्बू
'रिंद' साहब आपके एहसास[12] को क्या हो गया है

---

1. इमारतों के ऊपर बना गोलाकार हिस्सा 2. दीप जलाकर रखने वाला पात्र 3. ख़ामोशी / चुप्पी 4. विद्रोही 5. लिहाज़ / शील संकोच / अच्छा बर्ताव 6. नम्रता / विनम्रता 7. व्यक्ति 8. तेज़ाब यानी अम्ल के प्रभाव की अवस्था / अम्लता 9. स्वाद 10. जहर में लथपथ / विषैली 11. हर तरफ चारों ओर 12. संवेदना / अनुभव

भूख से तिलमिला रहा हूँ मैं
रेत-ज़र्रे[1] चबा रहा हूँ मैं

कोई आवाज़ दे रहा है मुझे
जिस्म अपना जगा रहा हूँ मैं

ज़ख़्म से भर चुका हूँ बुनियादें[2]
दर्द का घर बना रहा हूँ मैं

जो पसीने के साथ बहता है
उस लहू को जला रहा हूँ मैं

ज़िन्दगी किस लिए परेशां है
ख़ुद को सूली चढ़ा रहा हूँ मैं

आज अपनी दुकान पर ऐ '**रिंद**'
ख़ुद की क़ीमत लगा रहा हूँ मैं

---

1. रेत के कण 2. नींव / आधार

पत्थरों की बस्ती में, आईनों से डरना क्या
धूप के मुसाफ़िर का, छाँव में ठहरना क्या

आईना तअल्लुक़ का, टूट कर बिखरना क्या
कारोबार वालों से, कारोबार करना क्या

रात थक के सोई है, झींगरों की बस्ती में
मुट्ठियों में सन्नाटा, घर का क़ैद करना क्या

अपनी-अपनी परछाईं, लोग साथ लाए हैं
जलते-बुझते सूरज का, सर से अब गुज़रना क्या

अब कहाँ वो घर आँगन, अब कहाँ वो तहज़ीबें[1]
बेहिज़ाब[2] रिश्तों का, तज़किरा[3] भी करना क्या

अब भी मेरी बस्ती में, कुछ खण्डर सलामत[4] हैं
मक़बरों के कत्बों[5] का, टूटकर बिखरना क्या

सिलसिले अज़िय्यत[6] के, **'रिंद'** मुस्तक़िल[7] से हैं
बेतकान[8] लम्हों पर, तब्सिरां[9] भी करना क्या

---

1. सभ्यता / संस्कृति 2. बिना ढके / बेपर्दा 3. उल्लेख 4. सुरक्षित 5. क़ुब्र का पत्थर 6. कष्ट / परेशानी / तकलीफ़ 7. स्थायी 8. बेथकन / बिना थके 9. चर्चा / टिप्पणी

इक सदी गुम हुई है लम्हों में
वक़्त हैरान है किताबों में

धूप ओढ़े खड़े हैं सन्नाटे
और तपिश बढ़ गई दरीचों[1] में

रेज़ा-रेज़ा[2] बिखर रही है सोच
रेत उड़ने लगी दिमाग़ों में

ढूँडता फिर रहा हूँ अपना वजूद[3]
अपने ही शह्र के मुहल्लों में

रात भी साँय-साँय करने लगी
कुछ लहू डालिए चिराग़ों में

टाँकते हम कहाँ तलक ख़ुशबू
वक़्त के काग़ज़ी गुलाबों में

ये करिश्मा नहीं तो फिर क्या है
ज़िन्दगी बिक रही है क़िस्तों में

---

1. खिड़कियों 2. कण-कण 3. अस्तित्व

या रब कैसी बेचैनी है सजदे में गिर जाऊँ
या फिर मन्दिर के पत्थर पर मन भर दूध चढ़ाऊँ

मेरे घर की चौखट पकड़े बैठी है तन्हाई
जलते-बुझते दिये में आख़िर कब तक ख़ून जलाऊँ

ख़ुद से बातें करते-करते सन्नाटा सो जाए
साँय-साँय करते लम्हों से अक्सर डर जाऊँ

ज़हरीली सी सोच है मेरी ख़्वाहिश भर मायूसी
घर में पलते साँपों को मैं कब तक दूध पिलाऊँ

सर्द रात के सन्नाटे में झींगर तक हैं गूँगे
घर आँगन की वीरानी को कैसे दूर भगाऊँ

यादों की दहलीज़[1] पे पतझड़ पहरे पर बैठा है
ख़्वाबों की टूटी बैसाखी, कैसे आऊँ-जाऊँ

सोग[2] के साए दीवारों पर, **'रिंद'** फ़िज़ाएँ[3] ज़ख़्मी
धुआँ-धुआँ माहौल है घर का कैसे बात बढ़ाऊँ

---

1. ड्योढ़ी / द्वार 2. शोक 3. वातावरण

धूप से छाँव में लाए भी नहीं जा सकते
आबले[1] रुत के दिखाए भी नहीं जा सकते

हम रिवायात[2] की तक़लीद[3] कहाँ तक करते
इतने रावण थे जलाए भी नहीं जा सकते

भीड़ में पलते सँपोलों को कहाँ ले जाएं
आस्तीनों में छुपाए भी नहीं जा सकते

चौंक उठता है जो सुनता है ख़राबों की पुकार
तेरे मज़लूम सताए भी नहीं जा सकते

जिस्म के घाव नुमाइश के लिए काफ़ी थे
रूह के ज़ख़्म गिनाए भी नहीं जा सकते

वो मसाइल[4] कि जो दहलीज़ से बाहर निकले
पुश्त[5] पर लाद के लाए भी नहीं जा सकते

वो जो मफ़लूज[6] परिन्दे थे गए मौसम के
ख़ुश्क[7] टहनी से उड़ाए भी नहीं जा सकते

अब तो बिकने के भी आसार नहीं हैं ऐ **'रिंद'**
हम कि बाज़ार में लाए भी नहीं जा सकते

---

1. छाले 2. रिवायत का बहुवचन / परम्पराओं 3. अनुकरण 4. समस्या 5. पीठ 6. पक्षाघात पीड़ित / अंगाघात का शिकार 7. सूखी

धूल भरी यादों से महकी पुरवाई
कैसे देखें ख़्वाब चुभेगी बीनाई

बेरी का वो पेड़ तो अब तक बाक़ी है
बँटवारे की भेंट चढ़ी है अँगनाई[1]

घर के अन्दर पर्दे में है सन्नाटा
भटक रही है लावारिस सी तन्हाई

पेड़ पे सोई थकी-थकी सी आँधी को
बेमौसम पोशाक ये किसने पहनाई

सीने में उलझी साँसें ये कहती हैं
आज तो जैसे जान ही लेगी तन्हाई

ये भी तमाशा धूप का हमने देख लिया
सूख गई तालाब के बिस्तर पर काई

अपने-अपने गोल[2] में पंछी उड़ते हैं
छत पर बैठी सोच रही है तन्हाई

आगे-आगे इज़्ज़त, शोहरत[3] है ऐ **'रिंद'**
पीछे-पीछे दौड़ रही है रुसवाई[4]

---

1. दृष्टि 2. झुंड / टोली / समूह 3. प्रतिष्ठा 4. बदनामी

मैं तो अक्सर भीड़ में रहता हूँ तन्हा कौन है
मेरे अन्दर चीख़ने वाला अकेला कौन है

कौन है जो जगमगा देता है सारी कायनात[1]
और बुलन्दी से अँधेरों को गिराता कौन है

इक रिवायत[2], एक ही तहज़ीब[3] में रहते हुए
ये मिरे अपने घराने में अलग सा कौन है

कौन है जो रूठ जाता है ज़रा सी बात पर
और अगर ख़ुश है तो फिर मोती लुटाता कौन है

झिलमिलाती आरज़ू[4], बे-रब्त[5] वादों के चिराग़
ऊँघती रातों के हुजरे[6] में जलाता कौन है

रात आती है तो लावारिस परिन्दे की तरह
ख़्वाब बनकर मेरी आँखों में उतरता कौन है

'रिंद' ये गूँगे फ़क़ीरों का लबादा[7] ओढ़ कर
शाम ही से मेरे दरवाज़े पे बैठा कौन है

---

1. सृष्टि / ब्रह्माण्ड 2. परम्परा 3. सभ्यता 4. इच्छा 5. बेमेल / बेढंगा / बेमौक़ा
6. कमरा / कक्ष / कुटिया 7. चादर

पुरखों की जायदाद पे झगड़ा बहुत हुआ
हिस्से बँटे तो ख़ून-ख़राबा बहुत हुआ

वो शख़्स जिसको ताज़ा सफ़र का जुनून था
अपने नगर से गुज़रा तो रुसवा बहुत हुआ

तन्हाइयों ने रात के ख़ैमे[1] लगाए हैं
ख़ामोशियों का अपना दिखावा बहुत हुआ

जब नीले आसमान पे तेज़ाबियत[2] बढ़ी
सहमी हुई फ़िज़ाओं को सदमा बहुत हुआ

यादों ने मेरी रक्स[3] किया ख़ामुशी[4] के साथ
घर में हमारे साथ तमाशा बहुत हुआ

शायद कि मौसमों का तवाजुन[5] बिगड़ गया
इस बार आँधियों से भी झगड़ा बहुत हुआ

ऐ '**रिंद**' हौसले की मिरी बात जब चली
एहसास-ए-कमतरी[6] का भी चर्चा बहुत हुआ

---

1. तम्बू 2. अम्लीयता / अम्लीय अवस्था 3. नृत्य 4. ख़ामोशी का संक्षिप्त रूप 5. सन्तुलन 6. हीन भावना

पाँव में बाँध कर सफ़र आए
रेत-दरिया[1] को पार कर आए

धूप बैसाखियों के साथ चली
छाँव को हाशिये पे धर आए

रात के बेकरां[2] समन्दर में
हम उदासी उंडेल कर आए

चाँद से क़र्ज़[3] रोशनी माँगी
और अँधेरे उजाल कर आए

आज तक दुश्मनों को हैरत है
जो उधर थे वो क्यों इधर आए

'रिंद' दस्तार[4] को सँभाले हुए
हम हथेली पे रखके सर आए

---

1. रेत की नदी 2. जिसका कोई किनारा न हो / अपार / असीम 3. उधार / ऋण 4. पगड़ी

हो गया है ख़ून पानी लिख चुका हूँ
अपने माज़ी[1] की कहानी लिख चुका हूँ

बचपना गुज़रा था नंगे पाँव चलकर
किस तरह गुज़री जवानी लिख चुका हूँ

मुद्दतों से एक ही सादा वरक़[2] पर
ज़िन्दगी तेरे मआनी[3] लिख चुका हूँ

ज़िन्दगी भर ठोकरें खाई हैं हमने
आप ही की मेहरबानी लिख चुका हूँ

ख़ून तो बनकर पसीना बह चुका हूँ
हर मुसीबत दास्तानी लिख चुका हूँ

बद-चलन[4] थी धूप लिक्खी जा चुकी है
घर के सन्नाटे थे ज़ानी[5] लिख चुका हूँ

मेरे अन्दर दफ़्न है किरदार मेरा
'रिंद' कि़स्सा ख़ानदानी लिख चुका हूँ

---

1. अतीत 2. पृष्ठ / पन्ना 3. अर्थ 4. चरित्रहीन 5. बलात्कारी

घर में लगता हुआ मेला देखो
मुफ़्त में रोज़ तमाशा देखो

अपना सर देखो तमाशा देखो
पुश्त[1] पर ख़ुद का जनाज़ा देखो

ख़ून देखो न पसीना देखो
बोझ काँधे पे है कितना देखो

जागती आँखों से दुनिया देखो
धूप का छाँव पे पहरा देखो

बुझते सूरज का ख़राबा[2] देखो
वक़्त की रेत पे साया देखो

घर का बिस्तर न बिछौना देखो
जिस्म थक जाए तो सपना देखो

मुर्दा लाशों से चिता जलती है
'रिंद' अब वक़्त को जलता देखो

---

1. पीठ 2. ग़ैर-आबाद / खँडहर

राब्ते[1] हमसे यूँ बढ़ाया कर
भूले भटके ही आया-जाया कर

हब्स[2] ओढ़े हुए हैं सन्नाटे
रात की गर्द[3] को उड़ाया कर

ख़्वाब बिकने लगे हैं सड़कों पर
अपनी तन्हाइयों का सौदा कर

जब बसेरे पे ख़्वाब आ जाएं
कुछ अँधेरे समेट लाया कर

पेड़ हर रास्ते के हैं फलदार
उन पे पत्थर न यूँ चलाया कर

हाशिये पर है धूप का मंज़र
'रिंद' परछाइयाँ इकठ्ठा कर

---

1. सम्पर्क 2. घुटन 3. धूल

रेत की रोटियाँ चबाती है
ज़िन्दगी फिर भी मुस्कुराती है

इक अजब रोशनी सी होती है
मौत जब पंख फड़फड़ाती है

धूप अपनी उड़ान में गुम है
आशियाना[1] कहाँ बनाती है

जितना बढ़ता है मसअला[2] दिन का
मुत्मइन[3] शाम होती जाती है

जाने क्यों हो रहा है ये एहसास
रात बिस्तर में सरसराती है

'रिंद' हम शेर अच्छे कह न सके
जो भी लिखा अदब-शनासी[4] है

---

1. घोंसला / घर 2. समस्या 3. सन्तुष्ट 4. साहित्य से परिचित होना

शेर कहने का जब इरादा किया
मीर-ओ-ग़ालिब से इस्तिफ़ादा[1] किया

ताज़ा मज़मून[2] सामने आया
दामन-ए-फ़िक्र[3] जब कुशादा[4] किया

तुम, ख़लाओं[5] की बात करते हो
हमने सूरज ज़मीन-ज़ादा[6] किया

दर्द लिक्खा, अज़िय्यतें[7] लिक्खी
शायरी में न ज़िक्र-ए-बादा[8] किया

अब, वही हुक्मरान[9] हैं मुझ पर
जिन पियादों को शाहज़ादा किया

पाट कर दलदली ज़मीनों को
हमने हर रास्ते को सादा किया

बादलों ने उठाके सर अपना
सुर्ख़ सूरज, शरीफ़-ज़ादा किया

'रिंद'[10] हूँ मैं, मगर तख़ल्लुस[11] तक
शाज़-ओ-नादिर[12] ही शग़ल-ए-बादा[13] किया

---

1. फ़ायदा उठाना / लाभान्वित होना 2. विषय 3. चिन्तन परिक्षेत्र 4. विस्तृत 5. शून्य /अंतरिक्ष 6. धरती पर लाना 7. कष्ट / पीड़ा 8. मदिरा का वर्णन 9. शासक 10. शराबी 11. उपनाम 12. एकाकी 13. मदिरापान